JOAQUÍN PARDAVÉ

UN ACTOR VUELTO LEYENDA

JOAQUÍN PARDAVÉ

UN ACTOR VUELTO LEYENDA

por Jorge Carrasco Vázquez

Grupo Editorial Tomo, S.A. de C.V.
Nicolás San Juan 1043
03100 México, D.F.

1a. edición, octubre 2004.

Nicolás San Juan 1043, Col. Del Valle
03100 México, D.F.
Tels. 5575-6615, 5575-8701 y 5575-0186
Fax. 5575-6695
http://www.grupotomo.com.mx
ISBN: 970-775-054-5
Miembro de la Cámara Nacional
de la Industria Editorial No 2961

Proyecto: Jorge Carrasco Vázquez
Diseño de Portada: Trilce Romero
Formación Tipográfica: Servicios Editoriales Aguirre, S. C.
Supervisor de producción: Leonardo Figueroa

Impreso en México - *Printed in Mexico*

Contenido

Introducción 7
1. Familia de actores 9
2. Separación familiar 13
3. Inicios en el teatro 15
4. Pininos cinematrográficos 25
5. El encuentro con Bustillo Oro 29
6. Un director dedicado 55
7. Inspirado compositor 69
8. Vicioso reformado 77
9. Figura de la radio 79
10. Efímero paso por la televisión 81
11. Esforzado deportista 83
12. Premios y reconocimientos 85
13. Su trágica muerte 89

Introducción

El nombre de Joaquín Pardavé es asociado por la mayor parte del público con la figura entrañable del hombre afable y bonachón. Este personaje fue conocido como el comediante de las mil caras por sus interpretaciones del porfiriano, el más famoso de los cuales fue don Susanito Peñafiel y Somellera, o como el prototipo del extranjero de buen corazón, como el comerciante libanés del *Baisano Jalil*.

Sin embargo, Pardavé es mucho más. Es una figura fascinante de nuestra cultura y de nuestra cinematografía, que gracias a Editorial Tomo rescatamos para las nuevas generaciones. No en balde Pardavé fue seleccionado entre las 20 personalidades más importantes de México del siglo XX, por historiadores, críticos y científicos.

Además de ser uno de los comediantes más versátiles de nuestro medio, su gran experiencia histriónica, plasmada en 72 cintas, le permitió ponerse del otro lado de la cámara y dirigir a figuras de la talla de Pedro Infante en 22 cintas.

No conforme con eso, Pardavé tenía una vena musical que le permitió componer zarzuelas y canciones tan populares como *Varita de Nardo*, que sobrevive hasta nuestros días y cuya música fue utilizada en diferentes cintas.

Es más, algunos especialistas aseguraban que don Joaquín sería recordado más como músico que como actor, algo que se antoja a ratos sacrílego, pues aún sigue influyendo en las nuevas generaciones de comediantes como María Eugenia Saldaña y hasta compositores de rock como Patita de Perro.

Resulta bastante curioso que a diferencia de otros actores, Pardavé no buscara la internacionalización. Como le temía a los aviones y a los barcos, prefería viajar en ferrocarril y realizar giras sólo por el interior de la República, a la que quería mucho. "Para querer a México, primero hay que conocerlo", decía.

Sirvan estas líneas como un sincero homenaje a un mexicano de excepción, una de las glorias del mundo del espectáculo que supo triunfar en todos los medios, algo muy difícil en la actualidad.

1

Familia de actores

Joaquín Privado Pardavé Arce nació en Pénjamo, Guanajuato, el 30 de septiembre de 1900, a las 11 de la noche con nueve minutos, en el seno de una familia de actores de zarzuela que se habían alojado en Hotel Aldama de la calle América, dos días después de haber actuado en la población guanajuatense.

Su padre fue el actor Joaquín Pardavé Bernal, descendiente de unos cirqueros españoles y su madre, la tiple cómica Delfina Arce Contreras, nacida en Cuernavaca, Morelos, en 1882.

La pareja, que trabajaba en una compañía de zarzuela que debía actuar en Guadalajara, se había casado un año antes.

Joaquín fue bautizado en Puruándiro, Michoacán, el 24 de octubre.

Lo anterior desmiente las versiones de que "nació en pleno escenario", pero confirma que desde pequeño estaba acostumbrado a las tablas, y asimismo su dicho de que "desde el vientre de mi madre yo era actor".

Su tío Carlos Pardavé fue también un hombre de teatro que gozaba de sólido prestigio.

"No es extraño que en mi niñez me hubiera quedado dormido con largos y emocionantes periodos calderonianos. Acaso mi madre meció mi cuna cantándome un trozo de *La fiesta de San Antón*", solía confesar.

Su hermano Guillermo José nació el 31 de marzo de 1902, en el transcurso de otra gira de la compañía de sus padres.

La compañía paterna inauguró el Teatro Juan de Dios Peza el 21 de febrero de 1908.

Para que la ayudara en el cuidado de los niños, Delfina recurrió a una antigua amiga y compañera, Secundina Contreras, a quien de cariño los niños la llamaban *mamá Cundita.*

La nana los cuidaba amorosamente en su modesto hogar situado en la tercera calle de Lecumberri, en los llanos que rodeaban la Penitenciaría, donde los pequeñines jugaban con su perro *Tobo,* o participaban en los partidos de fútbol y béisbol que organizaban los chicos del barrio

A los cuatro años Joaquín debutó en la zarzuela de Carlos Arniches, *La cara de Dios* que escenificó la compañía paterna en el *Teatro Cervantes,* que se encontraba en la segunda calle de Lecumberri, en las cercanías de la vecindad en la que vivían.

Un actor le preguntaba: "¿A quién quieres más, a tu papá o a tu mamá?" y él incapaz de mentir, se salía del libreto y contestaba: "¡A los dos!"

Con todo, su hermano José parecía

Joaquín Privado Pardavé Arce.

estar más dotado para la carrera, porque aprendió a recitar muy bien y fue considerado como "la perla de la familia". Celoso de su hermano menor, Joaquín lo retó a un duelo que fue atestiguado por los integrantes de la compañía, que ratificaron a José como triunfador.

Joaquín buscó el consuelo materno, pero Delfina reaccionó de una manera que no lo esperaba: "Hijo, no te hagas ilusiones. Tú no vas a vivir de esto", le dijo.

Joaquín entró a estudiar a la Escuela San Luis Gonzaga, en las calles de La Perpetua, pero todavía tenía enterrada la espinita de la actuación, y en la ceremonia de graduación de tercero de primaria pidió recitar *México,* un sentido poema de Manuel Carpio. Pero cuando recitaba el segundo párrafo, sufrió un ataque de pánico y olvidó el texto, por lo que lo tuvieron que sacar del escenario con la cabeza baja.

"Siempre he creído y creeré que a los actores no les basta con su intuición. Las condiciones innatas no son suficientes para el logro de una personalidad artística. Y si bien el arte no se enseña, el oficio, la parte técnica del teatro hay que aprenderla con enseñanzas efectivas y con la práctica. Es el *metier,* el oficio que dicen los franceses, sin el cual ningún actor, por artista que sea, llega a dominar el arte del teatro. Con frecuencia, los niños prodigio se quedan en el camino y actorcitos de buenos principios se malogran por falta de dirección atinada y consciente. Mis condiciones naturales, la tradición familiar —que algo pesa— y ejemplos vivos a mi alrededor, hicieron de mí el actor que soy", confesaba en una entrevista.

La familia Pardavé se incrementó en 1908 con el nacimiento de su hermana Julia, bautizada así en honor a su abuela.

Cuando la Revolución obligó al cierre de las escuelas, Joaquín se mudó al barrio de San Miguel, con sus primos María Tereza Montoya y Aurelio Morales Pardavé, que recibían clases gratuitas por parte de un maestro jubilado.

Eso le permitió presentar exámenes finales a título de quinto y sexto de primaria en provincia, durante las giras de sus padres.

De regreso a la capital, asistió a una ceremonia en honor al recientemente electo presidente Francisco Indalecio Madero, quien sería asesinado en las cercanías del domicilio de los Pardavé, lo que impresionó grandemente al adolescente, que se negó a salir de su casa durante varios días.

2

Separación familiar

Sus padres decidieron internarlo en la secundaria Vasco de Quiroga. Además de que de esa forma podría continuar sus estudios sin interrupciones, no se percataría de las desavenencias de la pareja, que se habían acrecentado desde que el padre se había aficionado a la bebida y se entendía con otra mujer, mientras que ella lo hacía con otro hombre, el español Antonio Becerra con el que procreó a Petra y a Delfina.

La pareja resintió los largos años de esfuerzos, sin obtener más que modestos resultados y comenzó a buscar nuevos caminos.

Entre tanto, Joaquín terminó la secundaria, y sin saber qué hacer de su vida, decidió estudiar pintura en la Academia de San Carlos, pues creía que tenía talento. Fue entonces cuando su madre le comunicó que se había separado de su padre y que estaba embarazada.

Contra lo que hubiera esperado, Joaquín reaccionó en forma violenta:

"Yo no soy nadie para juzgarla. Usted enlodó el nombre de mi padre y el de sus hijos. Si usted nos olvidó, yo me olvido que tengo madre. Adiós", le respondió.

Acto seguido tomó sus escasas pertenencias y abandonó la casa materna y se refugió en la de su tía Rosa, que había enviudado. En la compañía de sus primos, con los que formó un equipo incomparable al que bautizaron como los tres mosqueteros, pareció olvidar sus problemas.

Sin embargo, su herida volvió a abrirse el 11 de febrero de 1916, cuando falleció su madre a consecuencia de una fiebre puerperal. El niño que esperaba también murió. Solamente tenía 34 años. Fue enterrada en el Panteón Español, en la cripta de la familia Becerra.

Por otra parte, su padre se casó con Adela Estrada Catalá, una cantante de zarzuela que tenía una carpa en Mérida. Posteriormente se convirtió en tiple cómica conocida como la *Tachuelita*, porque acostumbraba representar a tipos mexicanos. Tuvieron un hijo que adoptó el nombre artístico de Alberto Catalá.

A la muerte de su madre, Joaquín se negó a vivir con su padre. Tampoco quiso trabajar en el teatro, pues le recordaba a su madre, y para sobrevivir tuvo que desempeñar oficios menores como mozo, mandadero y hasta ayudante de oficina.

Pero como sus carencias eran muchas, a principios de 1917 decidió emigrar a Monterrey, a casa de su tía Tomasita y su prima Pepa. Sus hermanos quedaron al cuidado de Mamá Cundita.

Como era el primogénito, siente la obligación de conseguir dinero para ayudar a su familia. Por eso sale a las calles a vender sal en una carretilla, aunque apenas y saca lo indispensable para sobrevivir.

Es en ese entonces la suerte parece sonreírle y entra a trabajar como ayudante de telegrafista de los Ferrocarriles Nacionales, bajo la dirección de su maestro y amigo Arturo Vázquez, y pone tal dedicación a su nuevo trabajo, que a los escasos seis meses es nombrado telegrafista de la pequeña estación de Paredón.

Joaquín sueña con manejar a gran velocidad una locomotora cuando, en abril de 1919, recibe un telegrama de su tío Carlos, en el que le anuncia la muerte de su padre, a causa de una pulmonía, y parte de inmediato a la capital para asistir al entierro de su progenitor.

3

Inicios en el teatro

Indeciso de retornar a Monterrey o permanecer en la capital, va a visitar a su tío Carlos para recoger la ropa que le había enviado su tía Rosa.

El empresario se encontraba en un apuro, pues varios de los actores que participaban en la zarzuela *Los sobrinos del capitán Grant* se habían reportado enfermos. Su sobrino Joaquín se sabe el papel, pues su madre participó en la obra en innumerables ocasiones y decide incluirlo.

Ufano se jacta un día después diciendo: "Hábil empresario es el del Teatro Ideal, que dio camelo al público con la obra *Los sobrinos del señor Pardavé*".

Así pues, casi por accidente, esto hace que Joaquín encuentre su verdadera vocación.

"Cuando escuché los primeros aplausos comprendí que eso precisamente era lo que clamaba mi espíritu; que en fraternal comunión con el espectador, me sentía feliz, a pesar de que en aquellos tiempos se sufrían muchísimas privaciones porque los sueldos eran ínfimos. Pero al que tiene sangre de artista, poco o nada le importa la cuestión económica; lo principal es el triunfo, tener celebridad, ser alguien que la gente reconozca por la calle. Ese pedacito de vanidad forma el legado del actor, y aun con los bolsillos vacíos, camina ufano y alegre porque lleva consigo todos sus valores", decía recordando sus inicios en el teatro durante una entrevista.

Pero ya sea por orgullo o por modestia, Joaquín no quiso continuar en el teatro Ideal, ni acudir a sus otros tíos Ricardo o Felipe, quienes estaban en el medio. Prefirió empezar desde abajo, como corista en el teatro María Guerrero, donde trabajaban Leopoldo el *cuatezón* Beristáin, que falleció el 25 de marzo de 1948, y Lupe Rivas Cacho.

"Posiblemente no llegue a ser gran cosa, pero estudio siempre para no perder la oportunidad de mi vida", comentó el actor en una entrevista aparecida en *El Universal Ilustrado* en octubre de 1925, en el que se resalta su memoria fotográfica, la cual le permitía memorizar rápidamente su papel y el de sus compañeros.

Pese a que el teatro era conocido popularmente como *María Tepaches*, porque en el lugar abundaban los locales donde se vendía esa rica bebida elaborada con cáscaras de piña, el María Guerrero fue considerado como la cuna de la revista teatral mexicana, hasta que se convirtió en el *cine*

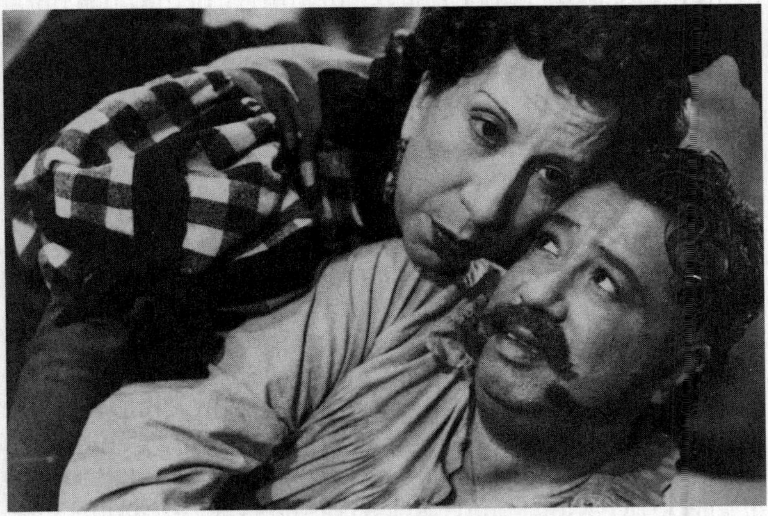

"Cuando escuché los primeros aplausos comprendí que eso precisamente era lo que clamaba mi espíritu..."

Máximo, uno de los más populares de Peralvillo, el 12 de julio de 1934.

Luego de un año de aprendizaje en ese lugar, Joaquín buscó trabajo como tenor cómico en las compañías de zarzuela.

"Tuve el alto honor de trabajar con Carlota Millanes y María Caballé, grandes figuras de la escena que contribuyeron, y no poco, a mi formación artística. Por fortuna alcancé a trabajar unas veces y aplaudir otras, a lo mejorcito de la farándula de aquella época, brillante como acaso ninguna otra en el género lírico. Cultivé todos los géneros, pero al lírico le dediqué todo mi entusiasmo", se ufanaba al recordar sus inicios.

Una de estas grandes intérpretes de esa época fue Celia Montalván, conocida como la vedette de la eterna sonrisa, en cuya Compañía de Opereta, Zarzuela y Revista debutó Joaquín en octubre de 1922, en el teatro Lírico.

Dos meses después escribió la revista *Anuario 1922* en colaboración con Juan D. del Moral y Manuel Iglesias, y pudo incluso elegir el reparto.

Ese mismo año fue uno de los fundadores del Sindicato Mexicano de Actores.

En enero de 1923, entró a la compañía el *Cuatezón* Beristaín, con quien ya había participado en su única aventura cinematográfica, y quien era considerado como el padre de la tradición cómica teatral mexicana, personificando a un ranchero ignorante, astuto y majadero.

Sin embargo, el comediante decidió fundar su propia compañía en junio de ese año, y para sustituirlo, la *pingüica* decidió contratar a otra figura de primer orden, Roberto Soto, estelar de las compañías de Lupe Rivas Cacho, María Conesa y Herminia Quiles, desde 1919.

Con el *Panzón*, con el que se decía que formaban un diez, por lo gordo y lo flaco, Pardavé formó la mejor pareja de cómicos teatrales de México, hasta que la compañía de la Montalván se disolvió en diciembre de 1923.

Poco tiempo después ambos se incorporarían a la Compañía de Revistas Mexicanas de José Campillo, que montaba sus obras en el *Teatro Casino* de la colonia Guerrero y en donde Pardavé conoció a la que sería su mujer, Soledad García Villegas, una actriz discreta que se presentaba con sus hermanas Dolores y Leonor, como las Hermanas Rebollo.

Uno de sus mejores trabajos de la época fue la legendaria *Mexican Rataplán*, parodia de la revista *Voilá París*, que había traído la compañía de Madame Rasimí, que exhibía a bellas mujeres sin medias, y atrevidos escotes, lo que era escandaloso para la época. A partir de entonces se consideró el vocablo bataclán como sinónimo de desnudistas.

El 26 de mayo de 1925, Joaquín contrajo matrimonio con Soledad Rebollo en la Capilla de la Expiración de la Iglesia de Santa Catarina Virgen y Mártir, cerca de la Plaza de Santo Domingo, a las 10 y media de la mañana. Los doctores le habían dicho que la actriz tenía un soplo en el corazón y le habían recomendado que no se casara.

Los padrinos de la pareja fueron Celia Montalván, el maestro Emilio Uranga, el representante de la compañía Vicente Arreola y la bailarina Juanita Barceló.

La pareja tuvo que pasar su luna de miel trabajando en el teatro Lírico, debido a los compromisos contraídos con anterioridad.

En la revista musical *Tradiciones que perduran*, Pardavé creó a uno de sus personajes inolvidables, el ingenuo don Susanito Peñafiel y Somellera, un lagartijo porfiriano.

Participó también en la exitosa zarzuela *La banda de las trompetas* y obtuvo grandes triunfos con sus caracterizaciones de *Buster Keaton, El Chino y El Loco*.

Contaba que la última de ellas —El Loco— estaba inspirada en un personaje real que conoció en su niñez, durante unas vacaciones en Toluca. "Unas amigas toluqueñas tenían un hermano loco; un pobre hombre que sentía delirio de grandeza, y que de improviso inflaba el pecho, ahuecaba la voz y se sentía Enrico Caruso. En otras ocasiones se soñaba como un moderno Gengis Khan, y armado de una escoba sostenía duelos terribles con la pared, hasta que caía agotado".

Sobre sus caracterizaciones de oriental señaló: "Tenía un amigo que me enseñó a hablar como chino y lentamente había logrado asimilar los tipos más populares que pululan en los mercados y lavanderías".

Pardavé trabajó con gran éxito con Roberto Soto durante más de 10 años.

En *Vámonos con Pancho Villa,* adaptación teatral de la obra de Rafael F. Muñoz que fue llevada al cine en forma magistral por Fernando de Fuentes, el actor interpreta a Emiliano Zapata, a Eulalio Gutiérrez, a Venustiano Carranza y hasta a Diego Rivera, el controvertido muralista esposo de Frida Kalho.

Curiosamente Pardavé sufrió en carne propia el enojo del público por algunas de sus caracterizaciones e incluso recibió amenazas de muerte en 1928 en el teatro Alcántar de Oaxaca cuando representó a Porfirio Díaz.

En *Naipes políticos,* Joaquín hizo la caracterización de Plutarco Elías Calles, con Mister Zorrow, mientras que Roberto hizo la del líder sindical Luis N. Morones.

La excepcional pareja de comediantes terminó en la delegación a causa de *Ni José, ni Manuel ni Pascual,* una comedia de Carlos G. Villenave que parodiaba a los tres candidatos presidenciales de la época: José Vasconcelos, Manuel Tello y Pascual Ortiz Rubio. Esto les valió ser deportados a Estados Unidos el 4 de julio de 1929. Ortiz Rubio adquirió, gracias a la obra, el ofensivo mote de *nopalito,* "por lo verde y lo baboso".

A partir de entonces las obras teatrales eran sometidas a una revisión previa, y se comisionó a un censor para que supervisara que los actores no se salieran del libreto que había sido aprobado.

Los comediantes recurrieron entonces a obras de corte folclórico como *Lindo Michoacán* o nostálgicas como *Oh*

Aquellos y realizaron una gira por Puebla, Xalapa y Veracruz, para poder sobrevivir.

El 1º de marzo de 1931, mientras Pardavé actuaba en el último acto de la obra *El fracaso del sábado,* de la que también era autor, se escuchó una fuerte explosión en el Teatro Principal, situado en la esquina de las que hoy son las calles de Bolívar y 16 de septiembre. El inmueble era uno de los más grandes de la capital con capacidad para 1,302 espectadores.

En 20 minutos, el teatro más antiguo de la capital —inaugurado en 1753— quedó reducido a cenizas y 13 personas fallecieron en el siniestro, entre ellas Carmen Velasco, su madre y don Pepe de la Vega, director de Omega, trabajadores, un periodista y un amigo.

"El Teatro Principal era el sitio de consagración para un actor. Actuar ahí era lo mismo que consagrarse en Madrid, pues se trataba del teatro más viejo de América, con la posible excepción del Principal de Puebla. Yo fui el último actor que pisó sus tablas. El teatro se quemó en la última función de un domingo por la noche, cuando suplía la ausencia de Soto, quien se encontraba enfermo, al tiempo que representaba mis propios papeles. Acababa de hacer un diálogo con mi mujer, que entonces trabajaba en el teatro, cuando comencé a notar un gran bullicio detrás de mí, hacia los decorados. Estos me impedían ver lo que pasaba. El ruido de la gente se parecía al que se produce cuando hay un temblor o un desastre parecido. Yo comencé a alzar disimuladamente la vista hacia las lámparas. Pero nada, no temblaba. En eso, mi mujer, que se había retirado de escena y se había dado cuenta de lo que sucedía, se atrevió a volver a pasar por el escenario murmurando de paso: ¡El teatro se está quemando! La emoción la hizo decir esto con voz más alta de lo que se proponía, de manera que numerosos espectadores la oyeron, poniéndose inmediatamente de pie para huir. Yo me adelanté hacia el frente, hasta las candilejas, tanto con el propósito de calmar al público, como de escapar de cualquier cortinaje que se me cayera en la cabeza incendiado. Para entonces el fuego ya era una hornaza y asomaba sus lenguas por encima de mi cabeza. Fue imposible calmar al público. Afortunadamente por tratarse de la última función la tragedia no fue mayor. Murieron trece personas, casi todas ellas parientes, que entre el humo y el fuego se abrazaron mutuamente y no pudieron por tanto escapar a tiempo. El fuego había comenzado por la colilla de un cigarro que incendió la cortina sin hacer llama, y sólo la quemó en círculo, poco a poco. Cuando la cortina fue alzada por los tramoyistas, comenzó a arder fuertemente, las corrientes de aire comunicaron el fuego a todo lo demás. Algunos tramoyistas murieron en el cumplimiento de su deber, pues trataron de cortar las cortinas para controlar el fuego, pero ya se sabe que las telas en combustión emiten gases venenosos que matan instantáneamente. Pobres muchachos", recordó conmovido Pardavé en una entrevista publicada por *El Redondel* en 1944.

"La amistad entre la gente de teatro se hace más estrecha porque todos se saben ricos tan solo de ilusiones, de gloria, de popularidad, porque los pesos andan siempre escasos y unos ayudan a los otros en una hermandad digna de ejemplo", declaró con nostalgia en una entrevista.

Posteriormente, el actor fundó La Gran Compañía de Revistas Joaquín Pardavé, que *escenificó* en el teatro Apolo obras como *La tierra de la mordida, Viva México, El tenorio rojinegro* y *México en una laguna,* entre otras muchas.

En 1932 formó una compañía a la que bautizó como Las Caras Bonitas, que hizo una exitosa gira por provincia, hasta que llegó a Tampico, en donde el mal tiempo le impidió actuar y provocó el cierre de la empresa.

Al año siguiente, de nueva cuenta con Roberto Soto, participó en *Rebozos de bolita* en el Teatro Iris, en la que actuó Amelia Wilhelmy, y en tres revistas mexicanas: *¡Hasta aquí me llega el agua!, Guitarra mexicana* y *Revista tricolor*.

En 1934 intervino en la revista política *El último fresco*, en el Teatro Iris. Pardavé la hacía de Rockefeller y de Adolfo Hitler mientras que Roberto Soto era Rivera y Benito Mussolini.

Un año después volvió a probar fortuna como empresario con La Gran Compañía de Revista de Joaquín Pardavé, en la que tenía como socios a la familia Arozamena, que estaba integrada por doña Clemeza y sus hijos Eduardo, Carmen y Amparo. Ellos debían pagar a los tramoyistas, a la orquesta, la renta del teatro Fábregas y la publicidad. Pardavé era el encargado de pagarles a los actores.

Juntos presentaron 10 revistas, tres de ellas musicales, y las más exitosas y fueron *Rival* y *El proceso de la canción*, con música de Agustín Lara.

Sin embargo, la sociedad se disolvió cuando las ganancias aumentaron y Pardavé quiso quedarse como único director de la empresa.

Montó entonces otras seis revistas y repuso la zarzuela *La gatita blanca* con María Conesa, tras lo cual salió de gira durante un año, al cabo del cual regresó en octubre de 1936 para montar diez revistas de corte político.

En su aventura de empresario consiguió lo suficiente para comprar una casa en la calle de Atlixco en la colonia Condesa.

En 1937 la compañía obtiene un gran éxito durante cinco meses en el teatro de Bellas Artes, con *Rayando el sol*, una revista que contaba con 300 intérpretes, que escenificaban cuadros sobre los diferentes estados de la República, que eran patrocinados por los gobernadores, quienes aportaban vestuarios y subsidios. Por esa época León Trotsky lo felicitó personalmente por la caracterización que hizo del controvertido revolucionario.

En 1938 se estrenó en el teatro Lírico *En tiempos de don Porfirio*. Esta revista de Juan Bustillo Oro se transformaría en un exitazo y haría que Pardavé fuera incluido en el papel de don Porfirio.

También interpretó a otro personaje que se convertiría en un clásico de nuestra cinematografía: *El baisano Jalil*. La obra se representa 179 veces en el teatro Fábregas con Sara García, Isabelita Blanch y Alberto Galán.

Acaparado por el cine, Pardavé se retira momentáneamente del teatro, pero regresa en 1946 para participar en *Los padres terribles,* una obra de Jean Cocteau que se representa en Bellas Artes, al lado de su prima María Tereza Montoya.

En 1950 realizó una nueva adaptación teatral de uno de sus máximos éxitos cinematográficos: *El Baisano Jalil.* Es en esta época cuando Pardavé declara: "El teatro estaba decadente y empolvado. Me apena decirlo, pero todos sabemos que si nuestro teatro no toma nuevos rumbos, quizá transformándose en un elemento profundamente mexicano, se hundirá en el anonimato y desaparecerá. Existe una falta de creación. Actualmente se representa una obra que Soto y yo estrenamos hace 10 ó 15 años. Con razón la gente dice que la revista está re-vista".

Pardavé estrenó en el teatro Virginia Fábregas, el 20 de mayo de 1954, la revista *Orfeo en los infiernos,* que ante la sorpresa de todos obtiene un gran éxito con más de 200 representaciones.

El comediante hizo el papel de Júpiter, un singular dios del Olimpo que se daba el lujo de incluir chistes políticos de actualidad, lo que le valió ser objeto de un atentado por parte de uno de los aludidos.

Entre los 100 actores que participaban en la obra, que tenía música de Jacques Offenbach y que había sido adaptada por Salvador Novo, se encontraban Bruni Falcón, Hugo Avendaño, José Sosa y Elizabeth Sanromán.

Su última aventura teatral fue *Un minuto de parada,* una obra del francés Marcel Achard, que él produce, dirige y actúa. Con ella estrenó el 27 de abril, el teatro Sullivan, un local de 350 localidades. En esta pieza Pardavé representa a un jefe de estación y en el reparto había figuras de la talla de Prudencia Grifell, Carolina Barret, Consuelo Guerrero Luna y Xavier Loyá.

Los especialistas señalaban que las obras de Achard estaban hechas de manera "que el minuto final valía lo que toda la obra". Tal vez por ello la obra duró menos de un mes en cartelera, y le representó un fracaso económico y artístico, reportándole pérdidas, aunque él recalcaba que eran menores a los 50 mil pesos que decía la prensa. "Mi mayor trabajo es hacer que el público acuda a las taquillas", solía bromear en una entrevista de la época.

Incluso, en una nota periodística, negó que fuera a cerrar el teatro y como prueba de ello se anunció la obra *La hoja de parra,* que había sido traducida por Wilberto Cantón.

Lo cierto es que Pardavé quedó afectado por el fracaso, y bajó seis kilos en los meses posteriores, además de que experimentó una agitación constante y una irritabilidad nerviosa, que lo llevaron a consultar al doctor Salvador Medina Romo.

4

Pininos cinematográficos

Pardavé se inició en el cine mudo en 1919, en la cinta *Viaje redondo* de José Manuel Ramos, sobre una historia de Silvestre Bonnard, que era el seudónimo del periodista Carlos Noriega Hope.

La cinta fue estelarizada por Lucía Loya, Alicia Pérez y Leopoldo el *Cuatezón* Beristaín, una de las glorias teatrales que tuvo que refugiarse en el cine. Este actor era el prototipo del ranchero taimado, ignorante, grosero, pero se le considera como el padre de la tradición cómica del teatro, en la compañía de Celia Montalván. El filme se estrenó el 12 de junio de 1920 en el cine Venecia y en varios más, con escaso éxito.

"En nuestros inicios cinematográficos trabajábamos hasta 20 horas seguidas. Se comía mal y se recibía en pago unos cuantos pesos, porque casi todos trabajábamos por amor al arte", recordaba Pardavé.

Joaquín se tardó 10 años en volver a pisar los foros cinematográficos con *El águila y el nopal*, conocida también como *El águila y la serpiente*, cortometraje de Miguel Contreras Torres sonorizado con discos, con Roberto Soto y toda la compañía del teatro Lírico, entre los que se contaban Ángel Rabanal, Eugenia Galindo y Ramón Armengod.

Ninguno de los actores recibió pago alguno, pues el productor perdió toda su inversión.

La cinta se estrenó en el cine Mundial el 31 de diciembre de 1930 y apenas duró la semana de rigor.

Sin embargo, Pardavé se dio a conocer en la incipiente industria y a partir de entonces tuvo trabajo "y afortunadamente ese medio proporcionaba mayores emolumentos que el teatro".

En *Águilas frente al sol* de Antonio Moreno, la segunda película sonora nacional filmada en 1932, Pardavé interpreta al malvado dueño del cabaret Wu Li-Wong, uno de los villanos orientales que hacía la vida imposible al héroe Frank Richardson (Jorge Lewis), en esta intriga de espionaje ambientada en Shangai. Hilda Moreno era la dama joven que fue vendida al malvado chino. La cinta solamente duró una semana en el cine Palacio, y significó el fin de la carrera de Moreno como director, que se había iniciado exitosamente con Santa, un año antes.

En 1937 Pardavé participó en *Bajo el cielo de México*, una comedia ranchera de Fernando de Fuentes con la que intentaba repetir el éxito de *Allá en el rancho grande*. Sin embargo, el hecho de que el héroe fuera Rafael Falcón, un argentino, no ayudó mucho al éxito de la cinta, que duró dos semanas en el cine Alameda. En la cinta también participaron Vilma Vidal, Domingo Soler y el comediante Carlos López *Chaflán*.

Pardavé se las ingenió aquí para interpretar graciosamente a un abonero que canta dos canciones chuscas, que serán el preludio de los extranjeros por venir.

Mucho mayor éxito alcanzaría ese mismo año en *Jalisco nunca pierde*, otra comedia ranchera, esta vez dirigida por Chano Urueta, que se exhibió con éxito durante cuatro semanas en el cine Regis.

El reparto está encabezado por Jorge Vélez y Esperanza Baur. Pardavé interpreta a Filogonio, el secretario del juzgado pueblerino, que mediante una hábil estratagema consigue casar a una pareja de enamorados que enfrentaban la oposición paterna. Con *el Chaflán* volvía a compartir la parte cómica de la cinta.

Dado el éxito del filme, se decide repetir casi inmediatamente la receta en *Canción del alma,* en la que vuelve a aparecer Vilma Vidal, esta vez acompañada por el argentino Falcón como una pareja que debe vencer a un bandolero y superar hasta la amnesia para poder consumar su amor. Don Joaquín personifica aquí al simpático sargento Napoleón Regules. La cinta se exhibió durante dos semanas en el cine Regis.

Ya en pleno furor cinematográfico, Urueta lo vuelve a incluir en ese prolífico 1937 en *Mi candidato,* una farsa política en el ficticio pueblo de Texcolapan, en el que el noble candidato Pancho García (Pedro Armendáriz) debe vencer al cacique Valentín Vaca del Corral (Domingo Soler), para poder conseguir el amor de Rosario Cortina (Esther Fernández).

Pardavé interpreta a Prócoro quien junto con Máximo son "los ideólogos del filme".

Don Joaquín se da el lujo de cantar un aire que él compuso y que sintomáticamente, por sus aspiraciones dizque revolucionarias, se llama "Yo me llamo Robespierre". La cinta solamente duró la semana de rigor en el cine Alameda.

Pardavé extrañaba los tablados teatrales, y aunque pensaba que actuaba bien, se sorprendía cuando algún director le hacía repetir una escena hasta tres veces.

Hombre inteligente y observador, se da cuenta de que el medio cinematográfico es distinto al teatral, y que además cuenta con mejores vestuarios y decorados más reales. Comienza entonces su periodo de adaptación.

Críticamente señala que "otro juez del calibre mío me hubiera ahorcado públicamente".

Confesaría entonces: "En dos años había ganado en el cine lo que no obtuve en toda mi vida teatral. ¿Sería lógico que alguien dejara las satisfacciones alcanzadas por algo mal recompensado? De los foros guardo un recuerdo cariñoso, pero no cursi ni sentimental. Empecé jalando telones y llegué a ser director de escena. La oportunidad de destacar me la dio el teatro, pero si él me dio algo, yo le di también algunas noches inolvidables. Como en la canción, al teatro puedo decirle: no te debo, ni me debes, mano a mano hemos quedado".

Ya para 1938, Pardavé ha ascendido en los repartos y obtiene el tercer papel de *Tierra brava* una cinta costumbrista de René Cardona, en la que interpreta a Benito, el secretario gallego de Teodoro (Rafael Icardo), dueño de una factoría tabaquera veracruzana, cuya hija Virginia (Esther Fernández), se ha enamorado del humilde Teodoro (el argentino Falcón, muy solicitado en esos días). El *Chaflán* volvió a formar pareja con Pardavé. Sin embargo la cinta sólo duró la semana de rigor en el cine Palacio.

No es de extrañar que Carlos López se haya acordado de su amigo Pardavé cuando estelarizó ese año su primer filme *Los millones de Chaflán,* dirigido por Rolando Aguilar.

El simpático Carlos personifica a Prisciliano Ordóñez, un buen ranchero que se enriquece al encontrar petróleo en su hacienda —conviene señalar que hasta meses después se declararía la expropiación petrolera—. Pardavé es su compadre peluquero, Rómulo Valdés, aficionado a los toros, que lo acompaña a la capital a gastarse el dinero obtenido. Prisciliano viaja con su esposa Remedios (Emma Roldán) y su hija Rosita (Carmelita Bohr), como nuevos ricos, convirtiéndose en fácil presa de los estafadores profesionales.

Aunque la cinta sólo se exhibió una semana en el teatro Iris, actualmente es considerada un clásico, pues reunió a dos de los cómicos más populares de la época.

5

El encuentro con Bustillo Oro

Se puede asegurar que Pardavé no fue cabalmente aprovechado, hasta que trabajó a las órdenes del director Juan Bustillo Oro (1904-1988) a lo largo de 12 cintas.

Inspirado en una vieja obra teatral inglesa de Brandon Thomas titulada *La tía de Carlos,* los guionistas Bustillo Oro y Humberto Gómez Landero, idearon una variante titulada *La tía de las muchachas,* supuesto vehículo cómico para el comediante cubano Enrique Herrera, quien personifica al licenciado Florentino Carrascosa, que enamorado de Lupe (Gloria Marín), se hace pasar por la tía Florentina, y deja al descubierto a unos interesados pretendientes como Goyo Becerra (un simpático Pardavé).

Florentino debe incluso "tomar un licor de hormonas", para que le cambie la voz, pero se aprovecha para besuquear a Lupe y a Lola (Lilí Marín).

Dado el éxito de la película en el cine Palacio, se buscó inmediatamente un vehículo similar, titulado *Cada loco con su tema,* concebido de nueva cuenta por el binomio Bustillo Oro-Gómez Landero.

En esta ocasión Herrera personifica a Julio César Napoleón, un exitoso autor de novelas radiofónicas, que es confundido con Justiniano Compián (Pardavé), un taxidermista que para heredar una fortuna debe pasar un mes en un castillo lleno de falsos fantasmas y ambiciosos parientes, capaces de cualquier cosa por dinero.

En sus memorias, tituladas *Vida cinematográfica,* Bustillo Oro señala que Herrera "había acentuado demasiado su afectación y sus bufonadas", y que en cambio se fijó en Pardavé que en la anterior cinta había dejado entrever el ángel que escondía. "*En Cada loco con su tema* no pude lanzarlo francamente, pues se oponían los celos artísticos de Herrera. Mañosamente le escribí a Pardavé una parte pequeña, de poca importancia aparente, pero que me daría la medida de sus justas posibilidades. La prueba me resultó espléndida. A pesar de que no intervenía más que en unas cinco secuencias, más bien cortas, Joaquín Pardavé se robó la película con un Justiniano Compián de una pieza. Mientras Joaquín estaba en escena borraba a los demás. Provocaba risas más abundantes y espontáneas que el Julio César de Herrera, y que las de Antonio R. Frausto. Este último era un excelente actor, capaz de lo dramático como en *El compadre Mendoza,* y de lo jocoso, pero carecía del encanto de Joaquín Pardavé. En *Cada loco con su tema* Pardavé quedó listo para empresas de mayor alcance y conseguirlas no le llevó mucho tiempo. Herrera no me perdonó esta jugada.

La cinta se exhibió exitosamente dos semanas en el cine Palacio.

La pareja todavía filmaría *Caballo a caballo,* una historia de Gómez Landero en la que el cubano Ángel Pastor, un fino ladrón, se asocia con Inocente Cordero (Polo Ortín), para darse la gran vida haciéndose pasar por el millonario Espiridión Espérides (Pardavé).

El realizador recordaba que Ortín fue convencido por el productor Jesús Grovas con un jugoso sueldo; en tanto que a Herrera le prometió anular su contrato de exclusividad. Pero fuera del foro ninguno se dirigía la palabra y en el foro se boicoteaban, algo que favoreció al lucimiento de Pardavé. La cinta se exhibió durante las dos consabidas semanas en el cine Palacio.

Aunque originalmente la película *En tiempos de Don Porfirio* había sido concebida por Bustillo Oro como una cinta musical en la que se reunirían obras de la época, de Felipe Villanueva, Manuel M. Ponce y Alfredo Carrasco, tuvo que estrenarse primero en teatro de revista, en el Lírico en octubre de 1938, para que tras su rotundo éxito el productor Jesús Grovas se animara a financiar la película, luego de que obtuvieron similar respuesta las revistas *Recordar es vivir, Parece que fue ayer* y *Las fiestas del centenario.*

En la primera, Pardavé interpretó en el tinglado en plan serio a Porfirio Díaz; pero en la cinta recibió el papel de don Rodrigo Rodríguez y Eje, un tramposo jugador de póker que deja en la ruina a don Francisco de la Torre (Fernando Soler), que falta incluso a su boda con su prometida embarazada (Aurora Walker), pero que puede vengarse años después, arruinándole su compromiso con Carmen (Marina Tamayo), a favor de su ahijado Fernando Villanueva (Emilio Tuero) y obligándole a huir vergonzosamente de un supuesto duelo.

Bustillo Oro seleccionó la melodía *Galán incógnito* para Pardavé cuyas coplas dicen: "rival incógnito de voz escuálida/viejo ridículo que canta ahí/coge tu música y lárgate/ que Carmencita no es para ti".

El director asegura que su don Rodrigo "estaba sobrado de malicia escénica y llenó el filme de regocijo".

El sagaz crítico Jorge Ayala Blanco, en su *Aventura del cine mexicano,* señala esta cinta como la pionera de lo que él llamó "La añoranza porfiriana". "Estamos en el mundo de la fantasiosa, decidida, envidiable, enternecidamente reaccionaria, lánguida y porfiriana añoranza. Una evocación, plena de amabilidad y gentileza del 1900, de los mejores tiempos idos, pero no demasiado remotos y rescatables".

Y Pardavé, como el viejo rabo verde Espiridión, se convertiría en el estereotipo del lagartijo, del representante de don Porfirio, con todos sus defectos y sus pocas virtudes.

Ahí está el detalle está considerada entre las 100 mejores películas mexicanas de todos los tiempos

Ahí está el detalle su siguiente comedia, está considerada entre las 100 mejores películas mexicanas de todos los tiempos, y es sin duda una de las mejores de Mario Moreno, *Cantinflas,* además de que puede considerarse en rigor como su primer gran éxito cinematográfico.

Resulta curioso que el productor Jesús Grovas haya tenido que convencer al director de utilizarlo. "En *Cantinflas* se esconde un as. Lo que ha pasado en sus anteriores películas es que lo han dejado suelto. Lo han parado frente a la cámara sin un buen guión y lo han dejado improvisar como lo hace en el teatro, pero ahí tiene como guía las reacciones del público y en el cine no ha contado con esa inspiración".

Bustillo acudió a verlo al teatro Garibaldi y pese a los aplausos, no le concedía los tamaños de una estrella cinematográfica. Tenía ingenio y hacía reír. No mostraba cualidades de verdadero actor, sino solamente de bufón. "Era siempre el mismo".

Cantinflas es el novio de la sirvienta Pacita (Dolores Camarillo), que le encarga matar a un perro rabioso llamado *Bobby*, en la casa de su celoso patrón don Cayetano (Pardavé). Por un error todos creen que el vago ha matado a un *gangster* con el mismo apelativo que el can, y es enjuiciado, y pese a los esfuerzos de su abogado defensor (Antonio R. Frausto), admite el crimen.

Bustillo Oro fue abogado y recordaba bien cómo la mayoría de los humildes acusados cometían errores semejantes, que resultaban cómicos pese a las trágicas consecuencias para los acusados.

La cinta provocó carcajadas durante tres semanas en el cine Palacio y prosiguió una carrera exitosa en los cines de barriada.

Lo cierto es que la mezcla de estilos dio como resultado una comedia muy divertida, que sería la única colaboración de Bustillo Oro con Mario Moreno, que se negó a firmar un contrato de exclusividad.

Al son de la marimba su siguiente filme, basado en una comedia española *Los mollares de Aragón*, vuelve a reunir al exitoso cantante Emilio Tuero como el rico hacendado chiapaneco Felipe del Río, y a su mayordomo, el simpático Agapito Cuerda (Pardavé), para ser víctimas de los aristocráticos Escobar, encabezados por el flojo Palemón (Fernando Soler), capaces de hacer cualquier cosa como casar a sus hijas Margarita (Marina Tamayo) y Sofía (Virginia Serret), con tal de no trabajar y poder mantener su pretendida posición social.

Es entonces cuando Agapito, quien asegura que "la mujer debe oler a cocina y no a perfume", se hace pasar por su patrón y pone a toda la parentela política de Felipe a trabajar, incluyendo a la madre Cornelia (Sara García) y al cínico Luis (Alfredo Varela jr), para pagar las supuestas deudas que adquirió Del Río al cumplir los caprichos de la familia, que es redimida por el trabajo noble, fecundo y creador.

El filme se exhibió durante dos semanas en el cine Palacio, donde se exhibían las cintas mexicanas.

Influido por la muerte de su hermana Virginia, luego de haber triunfado en el terreno de la comedia, Bustillo Oro decidió incursionar en el melodrama familiar con *Cuando los hijos se van* que aunque no era una historia autobiográfica, le salió con gran espontaneidad.

La familia Rosales, don José (Fernando Soler), su esposa Lupita (Sara García) y sus hijos José (Carlos López Moctezuma), Federico (Tony Díaz), Tomás (Alfredo Varela Junior), Raimundo (Emilio Tuero) y Amalia (Marina Tamayo), vive tranquilamente en la idílica Orizaba recibien-

Cuando los hijos se van, melodrama familiar con Fernando Soler, Sara García y Joaquín Pardavé.

do las visitas del fiel Casimiro (Pardavé), un solterón al que la familia parece haber adoptado.

Sin embargo, la deshonra penetra en la familia por un robo, y los malentendidos que ello provoca van causando la desintegración de la familia y que los padres queden solos en la pobreza y la desgracia.

Ayala Blanco en su *Aventura del cine mexicano,* resalta que "las dos fuerzas centrípetas necesarias para mantener unida a la familia son la obediencia y la resignación", y remata afirmando que "las películas sobre la familia constituyen el género más retrógrado que ha creado el cine mexicano".

Es recordada particularmente la escena en la que el malvado cobrador (Miguel Inclán, en uno de sus papeles habituales de villano), se lleve el radio en el que doña Lupita quiere oír cantar a su hijo Raimundo.

Por cierto que la canción interpretada por Tuero es *La canción a las madres,* composición del propio Pardavé, pues a nadie le gustó la canción que había sido seleccionada con anterioridad.

En sus memorias, Bustillo Oro elogió "las dotes dramáticas de Pardavé, que sumadas a su reconocida comicidad, crearon un tipo de incomparable relieve".

La cinta hizo llorar durante dos semanas a los asistentes al cine Alameda.

Con *Mil estudiantes y una muchacha,* Bustillo Oro regresó al terreno de la comedia y trabajó de nueva cuenta con el cubano Herrera, que personificó a Cándido Buenrostro, un distraído alumno que estudia con el insigne pero distraído maestro de jurisprudencia Atenedoro Soriano (Pardavé), y que acaba conquistando a la guapa hija de éste, Ana (Marina Tamayo).

Bustillo admite que cometió un error al hacer a los dos personajes distraídos, pues se repetían, y confiesa que amenazó con despedir de la cinta a Herrera "porque procuraba subterráneamente sacar de quicio a Pardavé".

Eso se reflejó en la reacción del público, que solamente asistió la semana del estreno en el cine Palacio.

El ángel negro fue producida luego del gran éxito que tuvo la *Rebeca* de Alfred Hitchcock en su primera cinta hollywoodense, y marcó el inicio de "la más poderosa compañía productora de América Latina, la Grovas, S.A. de C.V".

El melodrama romántico ambientado en el siglo XIX, narraba el amor incestuoso del ama de llaves Cristina (Isabela Corona), por su patrón Jorge Llorente (Emilio Tuero), quien a su vez está enamorado de Elisa (Marina Tamayo).

Pardavé interpreta a Luciano del Roble, un antiguo médico, que rico y bondadoso abandona la medicina para tocar el clarinete.

El lujoso melodrama, que se exhibió durante tres semanas en el cine Palacio, provocó la ruptura del director con el productor, que mutiló la cinta "para hacerla más comercial".

Ya teniendo como productor a Gregorio Wallerstein, Bustillo adaptó *El sombrero de tres picos*, una novela clásica de Pedro Antonio de Alarcón, en la que por fin Pardavé tiene el estelar como el corregidor don Hermógenes de Alabastro y Zúñiga, un ridículo gobernante con manía de grandeza, que se dedica a componer versos y a tratar de conquistar a bellas mujeres como a la molinera Frasquita (Sofía Álvarez) con piropos como "a fe mía que me gustáis más que los chongos zamoranos", pese a su celosa esposa Mercedes (Amparo Morillo).

Resulta curioso saber que Bustillo Oro quería como intérprete a Fernando Soler, pero Wallerstein le dijo que prefería a Pardavé, "porque era más taquillero" y que le buscaba al personaje una comicidad más afín. Por eso confiesa en sus memorias que "cada día me iba dando más cuenta que Pardavé no encajaba bien en don Hermógenes. Su desempeño, por más esforzado que fuese no me hacía feliz. Lo encontraba más grotesco que gracioso, lo que se llama en la jerga del oficio, sobreactuado. No era culpa suya. Es que así de artificial me resultó el personaje".

Lo cierto es que pese a los escrúpulos del director, Pardavé está muy gracioso como ese viejo rabo verde colonial con peluca empolvada, encajes, lazos y un gran sombrero. Sin embargo el éxito en taquilla en el cine Metropolitan fue apenas regular.

En cambio, su siguiente filme *México de mis recuerdos* resultó un taquillazo que duró seis semanas en el cine Alameda que era de medio postín, pues solo cobraba dos pesos.

Aquí Pardavé interpreta a don Susanito Peñafiel y Somellera, el secretario del mismísimo don Porfirio Díaz (Antonio R. Frausto), y que saluda "para servir a Dios, a don Porfirio y a usted".

Tiene momentos de antología cantando al lado de Sofía Álvarez, "Los niños con las niñas" y el "Cuplé de Makakikus".

Bustillo señala que "en don Susanito, la naturalidad de la figura, su notoria humanidad desposeída de la hipoteca de lo extravagante, dejaba fluir libremente la simpatía de

México de mis recuerdos, reúne a Pardavé (don Susanito) y a Fernando Soler (Jesús Flores), dos de los más grandes actores del cine nacional.

Joaquín Pardavé. Don Susanito era tan ruin como Hermógenes, pero carecía de autoridad y sólo podía valerse de su ingenio para imponer sus bellaquerías. Un ingenio contraproducente: cuanto más lo aguzaba, más mal le resultaba y más lo ponía en ridículo. Por lo demás, los percances de don Susanito eran espontáneamente cómicos; y el castigo a su soberbia, que traía aparejado, como que lo redimía de sus bajezas".

El realizador admite que don Susanito "se robó la película", que por otra parte era un intento de recrear "la *belle epoque* mexicana". Por ello resulta superflua la historia del músico Jesús Flores (Fernando Soler), su hijo Pablo (Luis Aldás) y sus amores con Rosario Medina (Sofía Álvarez).

El nudo dramático del filme se puede resumir en dos escenas: cuando don Porfirio es ovacionado en la boda de Pablo y Rosario, en la que sirve como padrino, y cuando es despedido con mueras, al momento de partir al exilio a bordo del *Ipiranga*.

La historia estaba enriquecida con música de la época de Ricardo Castro y Felipe Villanueva.

Bustillo Oro quedó muy contento con sus actores "que se lucieron de verdad. Soler con su maestría. Pardavé encontró en don Susanito la oportunidad para su mayor creación y la supo aprovechar consumadamente. Sofía Álvarez fue brillante ejemplo de lo que un papel puede hacer por los actores. Cuando exponía su natural modo era graciosa y eficaz; pero en cuanto fingía los modos y la manera de hablar argentinos, se crecía como nunca lo había hecho hasta entonces. Los demás estuvieron a tono con estos maestros".

El director reflexiona que "según parece, de mis cintas ésta es la que ganó más prolongada vigencia a través del tiempo. Quizá don Susanito Peñafiel y Somellera es el tipo más acabado que acertó a salir de mi magín".

La cinta tuvo un *remake* en 1963 con Fernando Soler, Joaquín Cordero, Ernestina Garfias y Fernando Soto *Mantequilla* haciendo el papel de don Susanito.

Tras el gran éxito de esta cinta, Bustillo Oro y Pardavé tomarían caminos separados. El primero proseguiría su carrera con importantes filmes con Jorge Negrete como *Cuando quiere un mexicano* y *Canaima*, mientras que Pardavé tomaría más en serio la dirección y se daría tiempo para otras divertidas comedias.

Sin embargo, se volvieron a reunir nueve años después para un postrer filme *Esos de Pénjamo* que se exhibió dos semanas en el cine Palacio Chino. Grovas había conseguido que Pedro Infante aceptara apadrinar a su hermano Ángel, con el que tenía contrato de exclusividad en *Por ellas aunque mal paguen*, que resultó un éxito, pese a que Pedro solamente cantaba cuatro canciones y aparecía en pocas escenas. Aquí Ángel estaba arropado por su padrino, el distraído doctor Porfirio Rojas (Joaquín Pardavé) y su sobrina Carmela (Charito Granados).

Pardavé había aceptado participar en la cinta debido a su gran cariño a Pénjamo, su tierra natal, pero acostumbrado a dirigirse, parecía haber perdido la confianza en otros directores.

Bustillo se queja de que "se encontró con un Pardavé algo ajeno a la donosura de antaño".

Sería la última ocasión en que trabajarían juntos.

Pardavé falleció en 1955 y el realizador murió el 10 de abril de 1988, dejando un legado de 58 filmes, algunos de los cuales son auténticos clásicos de nuestra cinematografía.

Otros directores

En *Luna criolla* de Raphael J. Sevilla, Pardavé personifica al Tartamudo, un contrabandista de buen corazón, que revela a la bella Mercedes (Lucy Delgado), su parentesco con el temible Tuerto (Ángel T. Sala), y ella puede casarse con su amado Oruga (Vicente Oroná, no en balde autor de la historia y próximo realizador).

La cinta se exhibió sin pena ni gloria en el cine Encanto.

Pardavé regresó al mundo de la política en *El señor alcalde*, cinta que marca el debut del prolífico director Gilberto Martínez Solares, lejos aún de la excelencia que alcanzaría con el genial Germán Valdés *Tin-tán*.

Las fugitivas Andrea Palma y Matilde Palou llegan al pueblo del ingenuo alcalde Domingo Soler y están a punto de corromperlo. La cinta se exhibió en el cine Alameda.

En *Hombres del aire* el comediante vuelve a trabajar bajo las órdenes de Martínez Solares, esta vez como el *bigotes*, un noble mecánico que trabaja para el capitán Roberto González (Ramón Vallarino), un intrépido y aventurero piloto heredero de las glorias de Clark Gable en *Test pilot* y del que se ha enamorado Margarita, la bella hija del general (Alma Lorena). El filme se estrenó en el cine Orfeón, que cobraba un peso la entrada.

Sobre las cualidades histriónicas de Pardavé, Martínez Solares afirmaba que "le faltó físico y juventud para ser el actor más completo de México, pero era ideal para los papeles más importantes de una persona mayor, además de que era un buen cómico".

Pardavé trabajó posteriormente en *Viviré otra vez*, melodrama que marca el debut de Roberto Rodríguez en la dirección.

Pardavé enseña a los espectadores el nuevo juego del "chupi-chupi" y acompaña los amores de David Silva con Alicia de Phillips.

La cinta solamente se exhibió una semana en el Palacio Chino.

José Benavides Junior dirige a don Joaquín *En un burro tres baturros*, una comedia de Alberto Novión que narra la historia de unos baturros (Carlos Orellana y Pardavé), que vienen a México en busca de fama y fortuna con sus esposas Sara García y Conchita Gentil Arcos, solo para tener hijos tan malagradecidos como Carlos Lopez Moctezuma, que no quiere casarse con la hija del tercer baturro, que murió en el trayecto.

El mayor mérito de la cinta del ex asistente de Arcady Boytler, es que permitió a Pardavé comenzar a configurar el estereotipo del extranjero de buen corazón, que hace fortuna en México, y se siente tan mexicano como el que más.

En *Que viene mi marido* vuelve a trabajar con Chano Urueta, quien adapta una obra de Carlos Arniches.

Pardavé es Valeriano, el padre de Carita (Beatriz Ramos), que debe enviudar para heredar una fortuna, por lo que se casa con Lázaro (Arturo de Córdoba), un poeta enfermo, que se cura al ver las piernas de su novia, pero del que Valeriano se quiere deshacer a toda costa.

Como dato curioso, se trata de una de las películas a las que puso música el gran compositor nacional Silvestre Revueltas y solo duró una semana en el cine Palacio.

El jefe máximo de Fernando de Fuentes, adapta otra obra de Carlos Arniches, *Los caciques*, que narra los excesos cometidos por el alcalde de Ponteverde de Abajo, Polo Ortín.

Pardavé tenía el segundo crédito del reparto encima de la bella Gloria Marín y de Pedro Armendáriz. Solo se exhibió la semana de rigor en el consabido cine Palacio.

En *¡Ay que tiempos señor don Simón!* de Julio Bracho, Pardavé repitió el estereotipo de lagartijo porfiriano, pero esta vez interpretando el estelar del filme.

El argumento del realizador debutante lo convierte ahora en el calavera presidente del Comité de la Liga de Defensa de las Buenas Costumbres, que termina por descubrir un hijo, Miguel (Arturo de Córdoba), con el que ha estado a punto de batirse por Inés (Mapy Cortés).

La cinta resultó todo un éxito pues recaudó una cifra récord de 137 mil pesos en sus tres primeras semanas de exhibición y confirmó a Pardavé como una estrella de la cinematografía nacional.

¿Quién te quiere a ti? de Rolando Aguilar es una adaptación de la obra del español Luis Vargas, *La casa de la risa,* que tuvo más de cien representaciones en el teatro Ideal

con las hermanitas Blanch. En el filme Pardavé interpreta a "un madrileño feo".

La cinta pasó dos semanas en el céntrico cine Rex.

En *El que tenga un amor,* de Carlos Orellana, sobre un argumento de Humberto Gómez Landero, Pardavé interpreta a Simón Regalado, el criado del estudiante Julio (Emilio Tuero) que se ve envuelto en muchos enredos que terminarán con su matrimonio con Lucero (Manolita Saval) y el del criado con Charito (Dolores Camarillo).

La cinta sólo duró la semana de estreno en el cine Palacio.

Caballería del imperio es una de las acostumbradas y farragosas adaptaciones históricas del michoacano Miguel Contreras Torres, destinadas al lucimiento de su esposa Medea de Novara, esta vez en el papel de la emperatriz Carlota. En esta ocasión la actriz estuvo acompañada de la soprano de la Opera House de Nueva York, Miliza Korjus.

Emilio García Riera en su *Historia Documental del Cine Mexicano,* elogia a Pardavé "quien está formidable en su parte cómica".

El filme tuvo buena aceptación y se exhibió tres semanas en el cine Palacio, que no hay que confundir con el Palacio Chino, que existe en la actualidad.

El comediante estelariza ese mismo año, *Tu mujer es la mía,* una comedia picaresca de Rafael E. Portas, en la que Pardavé inventa "el nudoscopio", un aparato que supuestamente permite ver desnudas a las mujeres del reparto, Manolita Saval, Carolina Barret y Consuelo Guerrero Luna.

Posteriormente Pardavé estelarizó la versión en español de *Cinco fueron escogidos,* un filme antinazi del estadounidense Herbert Kline, sobre un argumento de Budd Schulberg, adaptado por las prestigiosas plumas de Xavier Villaurrutia y Rafael M. Muñoz, que narraba la destrucción de una aldea por los nazis, en represalia por la muerte de algunos soldados a manos de la resistencia.

Pardavé era un vago que fue tomado como rehén y terminó asumiendo una conducta heroica, al lado de un peluquero (Fernando Cortés), y tres inocentes aldeanos (Andrés Soler, Julio Villarreal y José Morcillo).

Sin embargo, el filme fue considerado como simple propaganda hollywoodense y duró sólo dos semanas en el cine Palacio.

En *Como todas las madres* de Fernando Soler, Pardavé regresó a los terrenos del melodrama lacrimógeno al estilo de *Cuando los hijos se van* basado en *Maternidad*, una historia de Catalina D'Erzell.

En esta ocasión la abnegada madre está interpretada por Sagra del Río. Fernando Soler vuelve a ser el padre de familia, y para variar Pardavé el amigo solterón. Los tres hijos que hacen sufrir a sus progenitores regresarán para hacerlos felices en el último rollo.

El melodrama hizo llorar tres semanas a los espectadores del teatro Iris.

Con *El gran Makakikus* de Humberto Gómez Landero, el comediante retomó los exitosos papeles de lagartijo porfiriano, en esta ocasión es un ricachón provinciano que se convierte en hombre de mundo, conquistador y extravagante, visiblemente emparentado con *El burgués gentilhombre* de Molière.

Resulta particularmente divertida la interpretación de Pardavé a la canción que da título a la película y que buscaba repetir el éxito de *México de mis recuerdos* y que pasó con éxito tres semanas en el cine Palacio.

Ya inmerso en ese universo porfiriano Pardavé filma en 1945, *La reina de la opereta* que, aunque dirigida por José Benavides junior, es el primer libreto que escribió para el cine y seguramente un homenaje inconsciente a su madre Delfina Arce.

Aquí Joaquín interpreta al rimbombante Margarito Pimentel de la Cueva y Santos, quien está enamorado de Blanca de la Fuente (Sofía Álvarez), una cantante de ópera que es explotada por su representante Rufo (Fernando Soler), y que termina casada con el doctor Mario Montes (Luis Aldás), que la quiere retirar para que se dedique al cuidado de su hija, lléndose con ésta cuando Blanca se niega a dejar los escenarios.

En el momento más divertido de la cinta. Pardavé canta a dúo con Sofía Álvarez supuestamente bajo los efectos del alcohol, *Sangre de artista*.

El filme alcanzó gran éxito durante cinco semanas en el cine Chapultepec.

Pardavé prosiguió su deambular en la nostalgia porfirista con *Don Simón de Lira*, en la que Julio Bracho adapta *Volpone* de Ben Johnson, con Pardavé como un influyente porfirista que es perseguido por la solterona Cristina (la genial Consuelo Guerrero Luna), mientras coquetea con Blanquita Alas de Cuervo (la bella Elsa Aguirre) y que por una serie de intrigas debe quedarse sin su fortuna y sin las mujeres.

El filme se exhibió dos semanas en el cine Metropolitan.

Al ser cuestionado sobre si sus papeles se habían vuelto repetitivos, Pardavé señaló "no dejaría de interpretar por nada del mundo, un personaje adecuado a mis características y edad. Un actor que siempre lo ha sido no debe renunciar al placer de arrancarles a los personajes hasta el último de sus secretos y posesionarse de su psicología hasta el grado de renunciar a la propia. Para un actor que ya no hace galanes y que gusta de hacer reír al público, lo mejor es amasar lo dramático con lo festivo. Pienso que las grandes tragedias de la vida, tienen una parte profundamente cómica".

Sin embargo, un poco cansado de las nostalgias porfiristas y los comerciantes extranjeros, Pardavé filmó *El ropavejero* bajo la dirección de Emilio Gómez Muriel y llevando como compañera a Sara García.

El argumento de Mane Sierra, que fue adaptado por Pardavé, narra la simpática historia de Cirilo (el propio Pardavé), un simpático ropavejero especialista en embaucar a ingenuas trabajadoras domésticas, hasta que se encuentra

Sara García y Joaquín Pardavé, quizá una de las parejas más representativas de la Época de Oro del cine nacional.

a María (Sara García), que se convierte en la horma de su zapato y lo ayuda a resolver el caso de unos falsificadores de dinero que habían estafado a los patrones de la sirvienta enamorada.

Con el dinero obtenido, Cirilo comprará una granja para ayudar a sus vecinos y para su gallo Longino, pero seguirá en su profesión de ropavejero pues sólo así podrá encontrar a María, que había desaparecido sin dejar huella.

El romance entre estos abuelitos del cine nacional salió avante, pues triunfó durante cinco semanas en el cine Palacio.

Pardavé se volvió a reunir con Sofía Álvarez un año después en *La niña de mis ojos,* una cinta de Raphael J. Sevilla en la que interpreta al representante de la cantante sevillana Paloma, *Curro* Claveles, a la que quiere de la manera que da el título, y de cuya hija Sofía, se hace cargo hasta que años después encuentra al verdadero padre (José Crespo), quien atestigua su matrimonio con Carlos (Luis Beristáin).

La cinta es en realidad un homenaje a las zarzuelas y a los cuplés que le eran tan gratos a Pardavé, y que interpretó en el teatro en múltiples ocasiones, y tuvo buena recepción de parte del público que llenó el cine Palacio durante cinco semanas.

Con *Ojos de juventud* Pardavé escribió otro melodrama edificante aunque decidió encomendar la dirección a Emilio Gómez Muriel.

Pascual (Pardavé) es un cómico de carpa que se conduele de Raquel Herrera (Elsa Aguirre), una ladronzuela con la que sin embargo termina casándose, sólo para que ella lo engañe y lo abandone con su hijo Alberto (Fernando Casanova), quien se convertirá en un noble doctor que la atenderá en su lecho de muerte, a donde la ha llevado una vida de vicio y perdición.

Hay que resaltar que el padre ideado por Pardavé es capaz de robar para pagar el internado y la carrera de su hijo, al que pretende hacer creer que sus padres han muerto, pues no quiere que sepa que es un humilde afanador.

La película se exhibió dos semanas en el cine Mariscala

La familia Pérez de Gilberto Martínez Solares lo vuelve a reunir con Sara García (Natalia Vivanco de Pérez), la tiránica esposa de don Gumaro, un provinciano apocado de Salvatierra, Guanajuato, que se ha mudado a la capital como oficinista, en compañía de su mujer y de sus cinco hijos.

No en balde Pardavé colaboró en el guión con el realizador. Este heredero de las glorias porfirianas cuyos antepasados perdieron su hacienda en la Revolución, y con ello quedaran medio castrados, son objeto de múltiples burlas hasta que deciden asumir los pantalones de la familia y doman a la duquesa de Salvatierra y hace que sus hijos se conviertan en hombres de bien. El filme pasó dos semanas en el cine Ópera.

En *¡Arriba el norte!* de Emilio Gómez Muriel, Pardavé interpreta al simpático coronel Valente Cordero, un veterano de la Revolución, que algo afectado de sus facultades mentales, cree vivir todavía en plena revolución y toma como rehenes a Abelardo Segurola (Luis Aguilar) y a Irene (Marga López), hasta que recupera la cordura.

Lo curioso del sainete es que haya sido concebido por el argentino Goicochea y Cardone, aunque la adaptación a la situación nacional la hizo el propio Pardavé. La premiere se realizó en el cine Nacional.

Una gallega en México filmada por Julián Soler en 1949, repite el asunto de los comerciantes extranjeros de buen corazón, aunque en esta ocasión el estelar se lo lleva la argentina Niní Marshall.

El argumento de Pardavé convierte a *Catita* en Cándida, una gallega que tiene una panadería en el mercado de la Lagunilla, enfrente del puesto del carnicero mexicano Robustiano (Pardavé), con el que vive en constante pleito.

Sin embargo, los hijos de ambos, Aurora (Alma Rosa Aguirre) y Rodolfo (Pepe del Río) son novios, aunque este último anda con la cabaretera Ernestina (Lilia Prado), hasta que todo se arregla y termina en una doble boda, pues al fin y al cabo los viejos son admiradores de Jorge Negrete, Manolete y Silverio Pérez.

Durante cinco semanas el público abarrotó el cine Palacio y aplaudió a la pareja de comediantes.

Azahares para tu boda adapta la obra de Arnaldo Malfatti y Néstor de las Llanderas, *Así es la vida,* que narra la historia de la familia Salazar, que habita en la capital en los tiempos revolucionarios y que está encabezada por el severo don Ernesto (Fernando Soler), su esposa Eloísa (Sara García) y sus hijos Felicia (Marga López), Adela (Hortensia Constance), Margarita (Annabelle Gutiérrez) y Eduardo (Freddy Fernández).

Pardavé es de nueva cuenta el amigo solterón de la familia, Botros Slim, quien ama sin esperanza a Felicia, que se convierte en una solterona, pues le impidieron casarse con su novio socialista Carlos Rivera (Eduardo Noriega). Este terminó en la cárcel por conspirar contra el régimen de Porfirio Díaz y regresa a morir en los brazos de su amada muchos años después.

El melodrama de Julián Soler abogaba porque las nuevas generaciones ya no tuvieran que soportar a los tiránicos padres que arruinaban las vidas de las hijas, y éstas fueran capaces de rebelarse y ayudar a la felicidad de las sobrinas casaderas (Silvia Pinal).

El filme tuvo un éxito inusitado y se exhibió durante ocho semanas en el cine Metropolitan, para convertirse en la película más exitosa en la que trabajó Pardavé.

Luego del éxito de *Una gallega en México*, Gregorio Wallerstein decidió reunir de nueva cuenta a Niní Marshall y a Pardavé en otra cinta que incorporaba la música de actualidad en *Una gallega baila mambo.*

Catita era ahora Cándida, una viuda gallega, que tiene que hacer pasar como su esposo al camionero Cleofas Martínez, mejor conocido como *el bofes* (por supuesto Pardavé), para poder cobrar la herencia de un tío español que ha muerto.

El chofer y su amigo Gilberto (Pepe del Río) toman tan en serio sus papeles, que acaban casándose de verdad con Cándida y con Carmina (Silvia Pinal), no sin antes reventarse unos mambos, durante tres semanas en el cine Orfeón.

Y ya inmersos en el universo musical de Pérez Prado, Pardavé filma un año después *Del can-can al mambo*, esta vez bajo las órdenes de Chano Urueta, quien es también coautor del guión con José Luis Celis.

El filme pasó con gran éxito durante cuatro semanas en el cine Mariscala.

Pardavé es Susanito Llueva o Truene, director de un colegio de señoritas en el pueblo de Tompiajillo, que hace añoranza de sus tiempos porfirianos, pero que es modernizado por su sobrino Roberto (Abel Salazar), que le enseña las ventajas de la televisión, y lo que es mejor, de las excelencias del mambo, por el mismísimo Dámaso Pérez Prado, que interpreta entre otras melodías, una que era el himno de la juventud de ese momento *¡Que rico mambo!*

El mismo Urueta dirige *Mi campeón*, cinta que vuelve a reunir al exitoso binomio Niní Marshall-Pardavé.

Ahora la gallega es Lupe, una laboriosa taquera que tiene que mantener a su vago marido Chóforo Bobadilla (Pardavé), quien se las da de entrenador de boxeo y que entrena a Luis Fernández (Fernando Fernández). Luis está enamorado de Rosita (Rosita Arenas), a quien los comerciantes han criado como una hija, pero que en realidad es un pecado de una dama de sociedad, que la reclama ya mayor y la hace olvidar a sus pobres padres postizos.

La tragicomedia estaba llena de alusiones deportivas, con juegos de fútbol americano (Rosita era animadora) y con Luis como un gran boxeador, ¡que de esa forma paga su carrera universitaria! Además incluía intervenciones especiales de Libertad Lamarque, Agustín Lara y del simpático *Tin-Tán* y su carnal Marcelo, con quienes trabajaría posteriormente.

Sin embargo, la cinta ya no tuvo el éxito de las anteriores y solamente duró dos semanas en el cine Palacio Chino.

Ese mismo año don Joaquín filmó *Pompeyo el conquistador* bajo la dirección del cubano René Cardona, filme que se estrenó en el cine Nacional.

La cinta se basaba en un sainete español de José Muñoz Román, repleto de equívocos y frases de doble sentido, que permitía a Pardavé disfrazarse.

Ésta fue una de las pocas ocasiones en las que trabajó en el cine con su hermano José, quien hacía un pequeño papel de policía.

A diferencia de otros actores como Pedro Infante o Germán Valdés, famosos en el medio por ayudar a sus hermanos con pequeñas partes o apariciones especiales en sus películas, don Joaquín argumentaba que no le gustaba incluir a familiares en sus producciones "porque se tenían que abrir paso por ellos mismos, pues son las cosas que valen".

Mi adorada Clementina, comedia de Rafael Baledón, es una adaptación de una obra de los argentinos Alejandro Verbitzky y Emilio Villalba, que narra la historia de un matrimonio en crisis, Clementina (Marga López) y Alfredo (Tony Aguilar), debido a que la primera ha sido educada a la antigua por su abuelo don César (Pardavé).

La abuela (la misma Marga López), debe regresar del cuadro en el que vive para reconquistar al marido con modernas astucias.

Solamente aguantó la semana del estreno en el cine Olimpia.

Pardavé no pudo permanecer al margen de *Reportaje* de Emilio Fernández, un proyecto destinado a conseguir recursos para la Asociación Nacional de Actores (ANDA), en la que participaron gratuitamente las máximas estrellas del cine nacional, en una cinta episódica. Sólo Mario Moreno cobró por su participación.

Sin embargo, el exclusivo estreno en el cine Chapultepec duró apenas una semana.

La trama escrita por el Indio y por Mauricio Magdaleno, tiene como historia central la iniciativa de un diario que premiará con 10 mil pesos al reportero que consiga "la mejor noticia".

Pardavé interpretó a Bonifacio, un comerciante libanés que sostiene una querella con el señor Gámez Rivera (Pedro López Lagar), al que intenta robar.

A diferencia del Baisano Jalil o de don Venancio, esta interpretación despertó la ira de la colonia libanesa, que consideró el episodio "denigrante".

En *La gitana blanca* de Miguel M. Delgado, se adapta un argumento del popular escritor Luis Spota, que narra la historia de Nina (Rosita Arenas), una supuesta gitana de la que están enamorados el músico Roberto (Carlos Navarro) y el gitano Yaco (Wolf Rubinsky).

Pardavé es el comerciante napolitano, en cuyo local transcurre esta historia de amor trágico, que duró una semana en el cine Metropolitan.

En *El hombre inquieto,* cuyo título trata de parodiar un filme de John Ford, *The quiet man,* de gran éxito en la época, el director de origen español Jaime Salvador desaprovecha la presencia de dos de los más grandes comediantes del cine nacional: *Tin-Tán* es un humilde voceador, que se hace pasar por el hijo del rico libanés don Rafael (Joaquín Pardavé), pese a las objeciones de su mujer doña Fátima (Sara García), hasta que se enamora de la hija de éstos, Elena (Martha Valdés) y revela su verdadera personalidad.

La pareja de cómicos hizo reír durante tres semanas a los asistentes al Palacio Chino.

Aun cuando ya había dirigido a Pedro Infante, Pardavé no actuó con él sino hasta *El mil amores,* una comedia de Rogelio A. Gonzáles basada en un argumento de Gabriel Peña, en la que Pedro (Bibiano Villarreal), un rico ranchero norteño, debe hacerse pasar como el marido de Carmen (Rosita Quintana), para que no expulsen de la escuela a su hija Marilú (Liliana Durán).

Don Joaquín era el simpático Chabelo, el escudero cómico de Pedro en sus aventuras amorosas.

El filme se exhibió exitosamente durante cuatro semanas en el cine Orfeón.

Ese mismo año Pardavé actuó en el filme de episodios *Pueblo, canto y esperanza.* La primera historia, dirigida por Julián Soler, se basaba en el cuento de Félix Pita Rodríguez, *San Abul,* en la que Pardavé es el padre Asisclo, un cura gallego que se niega a bautizar a un negrito "con un nombre que no está en el santoral", hasta que es convencido por causas divinas, que se encontraba en un error.

Infante colaboró en el episodio mexicano dirigido por Rogelio A. González, que pasó tres semanas en el Palacio Chino.

En *A los cuatro vientos,* un exitoso melodrama de Adolfo Fernández Bustamante, que se exhibió cinco semanas en el cine Orfeón, Pardavé interpreta al padrino de Paloma Vargas (Rosita Quintana), una cantante que trabaja al lado de Pablo Gálvez (Miguel Aceves Mejía), y que es abandonada por éste a pesar de estar embarazada cuando triunfa, mientras que él es un mero mariachi, y no se reconcilian sino hasta que él triunfa como compositor con la canción que da título a la cinta y que por cierto es de José Alfredo Jiménez.

Las medias de seda es una adaptación de una obra de Matilde Ruiz Alonso y de Vicente Fayos, que pretende explotar la veta iniciada por *Arroz amargo,* un clásico del neorrealismo italiano.

Sin embargo, Miguel Morayta no era ni mucho menos Guiseppe de Santis, y la cinta cae en los lugares comunes del género.

Pardavé es don Juan, dueño de un viñedo en San Juan del Río y presidente municipal del lugar, que desea a la huérfana Rosario (Rosario Dúrcal), pese a vivir en amasiato con Águeda (Lucy González).

El forastero Antonio (Armando Silvestre) se presenta como el hermano de la muchacha, pero luego no le puede ocultar su amor y termina casándose con ella, al igual que don Juan con Águeda.

La cinta se estrenó hasta 1958, tres años después de muerto Pardavé, en el cine Arcadia.

La virtud desnuda de José Díaz Morales, basada en un argumento de Carlos Sampelayo, mostraba a Pardavé como don Zacarías Martínez, uno de los admiradores de Teresa (Columba Domínguez), una diseñadora de ropa interior que explota a los hombres como el rico Matías (Oscar Pulido), con tal de vengar a sus hermanas Lupe y Lucha que fueron seducidas y abandonadas por hombres deshonestos.

Todo era un ardid del productor Pedro Calderón para presentar "desnudos artísticos", los cuales acababan de ser descubiertos por el cine mexicano.

La cinta se estrenó hasta 1957 y tuvo gran éxito, pues se exhibió en el cine Orfeón seis semanas.

Club de señoritas una divertida comedia de Gilberto Martínez Solares basada en una historia suya y de Juan García; era un alegato feminista en el que Ninón Sevilla pretendía convertirse en Presidenta, apoyada por Fanny Kaufman, Lupe Rivas Cacho y muchas más, pero terminaba en brazos de Ramón Gay.

Lo cierto es que Pardavé se dio vuelo bailando con la estrella cubana de *Aventurera*, sin duda una de las mejores rumberas del cine nacional.

Hay quienes incluso señalan que los esfuerzos realizados en el filme redundarían en la muerte de don Joaquín.

El filme se estrenó hasta 1956 y duró cuatro semanas en el cine Olimpia.

En las tres últimas cintas que reseñamos, los papeles de Pardavé quedaron inconclusos, y fueron terminados por dobles.

Por cierto, los deudos de Pardavé fueron indemnizados con 11 mil pesos por los productores de las cintas, de acuerdo a lo estipulado por la ley.

En *El charro inmortal*, un documental de Rafael E. Portas realizado en 1955, se presentan fragmentos de las cintas de Jorge Negrete, y entre otros aparece Pardavé extasiado con las canciones que interpreta el charro inmortal en *Juan sin miedo*.

En *México de mis amores* (1976) antología de Nancy Cárdenas, se incluyen escenas de algunas de sus películas, entre ellas el *Gran Makakikus*.

6

Un director dedicado

Contra lo que pudiera esperarse, don Joaquín tuvo una carrera muy prolífica como director, pues realizó 22 películas, incursionando en diversos géneros, aunque sus mejores logros se dieron en el terreno de la comedia, en los que también actuaba.

Sintomáticamente, cuando se trataba de melodramas, prefería solamente dirigir. Lo cierto es que en la mitad de sus filmes como director se limita a permanecer detrás de la cámara.

De acuerdo a los expertos, como director "Pardavé tenía una continuidad emocional que rebasa con fuerza irrefrenable cualquier obstáculo".

Don Joaquín aseguraba que la dirección no era una finalidad que se hubiera propuesto, sino un complemento de su carrera.

"Empuñando el megáfono, amplío el radio de acción de mis estudios; sobre todo me preparo con objeto de que cuando el público se olvide de Joaquín Pardavé, el actor, los productores, recuerden al director".

Asimismo, pensaba que la responsabilidad de dirigir era mucha, pero cuando lograba hacer una buena película, la satisfacción era inmensa.

En una entrevista de la época, Pardavé explicó las diferencias que existían entre el teatro y el cine.

"En el primero, las escenas preparan el temperamento del actor. En el cine, la interpretación está sujeta a interrupciones, y por eso mismo hay que crear al personaje con anticipación. En el teatro tenemos al apuntador que nos auxilia cuando se nos olvida el texto, pero en el set debemos memorizar el diálogo, y aún más, identificarnos con el personaje huyendo de uno mismo. Desde el tablado se conoce de inmediato el éxito o el fracaso, ante los reflectores cinematográficos el conocimiento es captado únicamente por el director y el equipo técnico. En el teatro, un error no tiene enmienda. Tras equilibrar la balanza, llegamos a la conclusión de que el cine, que es considerado por algunos como un arte inferior, presenta mayores dificultades que el drama escénico".

Tras de haber trabajado durante una década con grandes directores como Fernando de Fuentes, y especialistas en comedia como Bustillo Oro y Gilberto Martínez Solares, en 1942 Pardavé se sintió listo para asumir la dirección de una comedia.

Seleccionó *El gringo Baratieri* una obra argentina de Alberto Novión, que con la ayuda de Adolfo Fernández Bustamante se transformó en *El baisano Jalil*, y que se representó en 179 ocasiones en el teatro Fábregas en 1938.

El productor Gregorio Wallerstein recordaba que "Pardavé realizó una adaptación excelente. Me pidió la oportunidad de dirigirla y no tuve ningún inconveniente. Le tuve confianza en virtud de la práctica adquirida como director de escena en el teatro de revista Y también porque él ya había visto cómo lo dirigían otros, en especial Bustillo Oro. Simplemente aplicó esos conocimientos. Lo hizo bastante bien y cuanta película dirigió arrojó beneficios para la compañía; sin excepción todas dejaron dinero".

En el filme, el genial comediante interpreta a Jalil Farad, un honesto abonero libanés que se convierte en dueño de un gran almacén de telas, y quien vive feliz en compañía de su mujer Suan (Sara García) y su hijo Selim (Emilio

Tuero), hasta que éste se enamora de la caprichosa Marta (Manolita Saval), hija de la distinguida pero arruinada familia Veradada.

Pardavé logró un entrañable personaje que afirma: "quiero a México como a mi propia patria"; y que es capaz de cantar en supuesto árabe, una canción de la *Scherazada* de Rimsky-Korsakoff.

El novel director decía que esta cinta "le había traído suerte, pues a partir de entonces nunca le faltó trabajo".

La cinta se exhibió por dos semanas en el cine Palacio, pero se exhibió durante mucho tiempo en cines de barrio.

Wallerstein contrató a Pardavé "en exclusiva", aunque el productor confiesa que "era exclusivo en la medida que él no trabajaba en una historia que yo no aprobara. En realidad nunca hubo un contrato de ninguna especie entre nosotros. No lo necesitábamos. Se trabajaba basándose en amistad y mutua confianza. Yo sabía que tenía que darle a Joaquín tres películas y después dejarlo hacer las que él quisiera. Fue un arreglo de caballeros y se lo cumplí siempre. Además, él necesitaba hacer su patrimonio; él ponía la cantidad y quería su dinero al término de la película. No era hombre de negocios. Yo fungía como su administrador y le hacía sus inversiones".

No muy seguro aún de poder dirigir otro género que la comedia, don Joaquín entró en el terreno del melodrama en *Adiós juventud*, una obra teatral de Ocsila y Camasio, de la que él mismo realizó la adaptación y se reservó el papel secundario del *Sapo*, un feo muchacho que ama sin esperanza a la heroína de la cinta, Manolita Saval, quien a su vez está enamorada del buen estudiante interpretado por Luis Aldás.

Él mismo se burla de su apariencia en la pantalla: "¡Pero que feo soy!, con f de furris". Sabedor de que los papeles de galán no se hicieron para él decía: "con el físico que tengo es más fácil hacer caricaturas".

"Don Joaquín conocía los secretos de la actuacióny les sacaba a los artistas lo mejor de ellos".

Conviene señalar que en plena Segunda Guerra Mundial se dejaron de pagar los derechos de autor de muchas obras. Tanto el productor Gregorio Wallerstein como Pardavé, pensaron que los autores habían muerto, pero para su sorpresa resultó que se trataba de un seudónimo de la condesa Rina Alberti Brunetti, viuda de Stefan Zweig, a la que tuvieron que pagarse religiosamente los derechos correspondientes.

Manolita Saval, la dama joven de la cinta señalaba que "don Joaquín conocía los secretos de la actuación y les sacaba a los artistas lo mejor de ellos. Daba los tonos precisos, marcaba las situaciones justas y delineaba muy bien los personajes. Por muy torpe que uno fuera, bastaba con imitarlo. Tal vez no haya sido un director estrictamente técnico, pero para mí era estupendo".

En cambio otros actores lo consideraban "un director rígido y hasta un poco regañón".

Reflexionando sobre su nueva tarea en una entrevista confesó: "necesitamos definir un tipo de comedia tragicómica, no insustancial. Busco romper el sentimentalismo para dar paso a la carcajada. Las cosas más risibles encierran su parte dolorosa. Por eso Charles Chaplin fue el más acertado cómico de su época; supo sustraer una cosa de la otra y, en deliciosa amalgama, las presentaba al público, que no sabía si reír o llorar. Para un actor al que le gusta hacer reír, lo mejor es amasar lo dramático con lo festivo. Las grandes tragedias de la vida tienen su parte profundamente cómica. Hasta la muerte misma no deja de ser risible si la vemos a través de su aspecto grotesco".

Adiós juventud se exhibió durante tres semanas en el cine Metropolitan, que acababa de inaugurarse y que era uno de los más exclusivos, pues cobraba cuatro pesos.

Un año después, ya habiendo sido aceptado en el cerrado sindicato de directores, Pardavé prefirió retornar a los terrenos de la comedia en su siguiente película *Los hijos de don Venancio,* basada en la obra teatral argentina *Los tres caprichos.*

En ella da vida a otro comerciante extranjero, esta vez un trabajador abarrotero español, que se ha quedado viudo y que debe hacerse cargo de sus hijos Marilú, Alicia Ravel, Alfredo Varela junior y Horacio Casarín, este último un notable futbolista que se enrolaba en el *Atlante,* "el equipo del pueblo", para enfrentar al *Asturias* de su progenitor, que asumía su carta de naturalización futbolística al echarle porras a los prietitos del general Núñez.

"Cuando vosotros érais unos mocosillos, me encontré con dos deberes que cumplir: daros educación y labraros un porvenir. Y por atender a uno, olvidé el otro. Lo peor de todo es que me habéis perdido el cariño y el respeto".

Pardavé confesó que "don Venancio era el personaje por el que más cariño sentía de todos los que había interpretado en la pantalla grande". Eso se debía fundamentalmente a que nunca pudo tener hijos en la vida real, y que el papel de un amoroso padre, le quedaba como ni mandado hacer.

La cinta se exhibió exitosamente durante cinco semanas en el cine Palacio.

Don Joaquín regresó a los terrenos del melodrama adaptando la obra francesa *Mademoiselle* de Jacques Deval convertida en *Una virgen moderna.*

Cristina (Lilia Michel) es una chica que acaba embarazada por su frívola vida, y por ello quiere suicidarse, pero es salvada por un desconocido que resulta ser Carlos Rivera, un director de orquesta (Abel Salazar), que caballerosamente se casará con Cristina, que ha dejado de ser frívola y promete ser una buena madre.

Conviene señalar que la cinta tendría dos nuevas versiones: *El caso de una adolescente,* de Emilio Gómez Muriel de 1957, y *Elena y Raquel* de Abel Salazar de 1970, con Martha Mijares e Hilda Aguirre, respectivamente.

Debido al éxito obtenido por *Los hijos de Don Venancio,* Pardavé decidió un año después filmar una secuela titulada *Los nietos de Don Venancio* en la que el personaje principal interpretado por él regresa a su natal Asturias, donde lo esperan Prudencia Grifell y Manuel Noriega, que se emocionan hasta las lágrimas cuando lo escuchan cantar la bamba "al estilo asturiano".

El resto del reparto es el mismo, incluyendo a Casarín, cuya fractura había puesto una pausa en su carrera futbolística y había ocasionado que el público quemara un estadio en protesta contra el arbitraje de Fernando Marcos, quien ni siquiera había marcado falta.

En *El barchante Neguib,* Pardavé retomó sus caracterizaciones de comerciantes extranjeros. Según el argumento de Carlos Orellana, Neguib es un honrado comerciante libanés que abandona la tranquila vida provinciana en Michoacán, para venir a la capital y tratar de rescatar a su hijo Farid (Jorge Ancira), que hasta de nombre se ha cambiado por el de Alfredo y que ha embarazado a Isabel (Carmen González). "Nosotros no abusamos como usted de la hospitalidad que nos da México". Pero no había que apurarse mucho, pues al final todo sale bien, y el joven acepta su responsabilidad.

La película fue aplaudida durante tres semanas en el cine Metropolitan.

En *Lágrimas de sangre,* melodrama de José Vázquez Méndez y Antonio Momplet, Pardavé vuelve a trabajar con Sofía Álvarez, aunque en esta ocasión solamente detrás de la cámara. La cantante colombiana interpreta a Diana Millán, una célebre cantante que asesina al célebre pianista Juan Carlos Morell (Bernardo Sancristóbal), cuando está a punto de abusar de la joven Alicia (Patricia Morán), quien es su hija sin saberlo, y es que el malvado Morell abusó de ella de la misma forma.

Resulta bastante curioso que el melodrama esté repleto de música clásica, de Liszt, y que se haya incluido una canción del propio Pardavé, además de que apenas dura 80 minutos pese a estos excesos musicales.

Solamente se exhibió en la semana de estreno en el cine Metropolitan.

En sus dos siguientes filmes, *La barca de oro* y *Soy charro de Rancho Grande,* Pardavé mostró que ya había madurado como director, al trabajar con una de las figuras más populares de ese tiempo: Pedro Infante, quien hacía pareja con Sofía Álvarez.

Aunque filmadas simultáneamente, ambas cintas narraban historias diferentes. La primera de Ernesto Cortázar, una especie de variante ranchera de *La fierecilla domada,* narra la historia de la machorra Chabela Vargas (Sofía Álvarez), a la que debe domar el arrendatario Lorenzo (Pedro Infante), quien fue su amigo de la infancia.

En la segunda, original de Antonio Guzmán Aguilera, Pedro Infante es Paco Aldama, un famoso charro de Rancho Grande, que va a la capital en busca de fortuna dejando a su novia Cristina (Sofía Álvarez), quien amenaza con casarse con su patrón don Florencio (René Cardona).

Conviene señalar que Guz Águila ideó esta historia como una especie de continuación de su máximo éxito *Allá en el rancho grande,* y que 11 años después René Cardona interpretara al patrón, igualmente torvo que en la cinta de Fernando de Fuentes.

La primera se exhibió tres semanas en el cine Teresa y la segunda dos semanas en los cines Palacio e Insurgentes.

En *Los viejos somos así,* Pardavé se volvió a reunir con la bella Elsa Aguirre en una historia de los argentinos Carlos Santiago Dames y Camilo F. J. Darthes.

Aquí el actor interpreta a don Prudencio, un viejo noble que ayuda a la cantante de cabaret Dalia (Elsa Aguirre) ante los celos de Roberto (Víctor Junco), hasta que el anciano le explica que es su hija, a la que había abandonado en su juventud.

García Riera en su *Historia Documental del Cine Mexicano* define a Pardavé "como el galán otoñal que se transformaba en el padre que ejercía graciosamente un derecho de pernada espiritual".

Por su parte Elsa Aguirre se lamenta: "yo no sabía que estaba haciendo películas al lado de un extraordinario actor. No podía valorar con quién estaba trabajando. Era una muchacha que no había vivido absolutamente nada. Aunque sí pude apreciar que tenía ante mí a un hombre inteligente, maduro, seguro. Pero Pardavé nunca me dio un acercamiento emocional. Otros hombres maduros me transmitían ternura en su mirada. Pardavé sólo lo hizo en la actuación".

El filme duró dos semanas en los cines Palacio y México.

En *Dos pesos dejada,* Pardavé adaptó la obra de Fernández del Villar, *La prudencia,* y se reservó el papel de Gabino Pringoso, un vago cochambroso que acaba de salir de prisión, "donde la pasó muy bien" en lugar de su amigo, el taxista Fermín (Abel Salazar), pues fue él quien atropelló a un peatón. Gracias a la mediación del chofer consigue que su futura suegra la belicosa comerciante Prudencia (Sara García), le dé asilo y descubra bajo la capa de mugre a un hombre bueno, casero y sentimental.

El verborreico cuidador de coches se vanagloriaba que solamente lo habían bañado el día de su bautizo. Y cuando el taxista engaña a Lupe (Alicia Caro) y se niega a casarse con ella, pese a dejarla embarazada, para seguir con la vedette Rizaralda (Esmeralda), el viejo la defenderá a golpes, y se hará pasar por su padre, para formar la familia que siempre quiso.

Pardavé está particularmente a gusto como ese "cochino que no se baña" y que se lava las manos "el día de San Juan", que reclama cuando lo dejan salir de Lecumberri antes de lo esperado "por buena conducta", "pues ahora dónde va a conseguir dónde comer y dormir gratis". Con todo, no puede ocultar que está verdaderamente conmovido cuando carga al niño de Lupe y le dice a Fermín "que lo lleva a la casa de cuna, porque su madre no lo quiere, y su padre es un desobligado".

En una entrevista realizada poco antes de su muerte, Pardavé confesó que "su vida había sido intensa y emotiva, pero jamás había podido llenar el vacío que le produjo la ausencia de hijos".

La cinta se exhibió exitosamente durante cuatro semanas en el cine Teresa.

Con *Sangre torera* realizada ese mismo año, Pardavé dio muestras de su afición a la fiesta brava, y aunque escribió el argumento del melodrama taurino, prefirió quedarse solamente detrás de la cámara, permitiendo el lucimiento del matador Carlos Arruza, quien personifica a Antonio Granada, un joven que quiere ser torero pese a que don Eduardo, su padre (José Baviera), lo prefiere ver convertido en abogado.

Desobedeciendo al padre, Antonio se lanza de espontáneo y pese a triunfar, es corneado por el toro y queda paralítico por el trauma. Sin embargo, salta de la silla de ruedas para salvar a su novia Lucinda (Olga Jiménez), que lo ha cuidado en su desgracia. Ya repuesto se convierte en un gran torero que es pretendido por la rica Luisa (Chula Prieto), aunque él prefiere a Lucinda, que es a la que realmente quiere.

El mayor atractivo de la cinta, llena de lugares comunes y verborreicos diálogos, es presenciar a Arruza lidiando durante un poco menos de la tercera parte de la cinta toros de Pastejé y automóviles frente a la escuela de Derecho. El filme se exhibió durante dos semanas en los cines Teresa y Estadio.

En *Primero soy mexicano,* Pardavé adapta la novela de Florencio Sánchez *M'hijo el doitor,* en la que además interpreta al iletrado pero rico hacendado Ambrosio Fuentes, que recibe con los brazos abiertos a su hijo Rafael (Luis Aguilar), quien ha estudiado en Estados Unidos y regresa convertido en un médico apochado que se ha olvidado de las costumbres nacionales y prefiere los *hot cakes* y los *ham and eggs,* a los tradicionales taquitos.

Es, incluso, capaz de seducir a la ingenua Lupe (Flor Silvestre) y convertirla en "una azucena marchita", lo que hace que el padre le reclame furioso: "¡Malhaya la hora en que naciste perro! Si después de pisotear la honra de una pobre muchacha, mi padre me hubiera oído hablar como lo has hecho, me hubiera tirado los dientes de una bofetada y yo hubiera besado la mano que así castigaba mi falta de vergüenza".

Finalmente el galeno recupera su razón nacionalista, se casa con la muchacha y se reconcilia con su padre.

Aguilar recordaba que había sido uno de los papeles más difíciles de su carrera, pues tuvo que empezar la cinta como un auténtico villano, aunque Pardavé se las ingenió para que acabara como el galán que siempre fue.

"Pardavé se adentraba tanto en su papel que siempre me quedaba con la impresión de que estaba molesto conmigo, por lo que cuando se daba el corte, yo iba con él y no me quedaba en paz hasta que pasados varios minutos él se riera de alguna broma mía, o me hiciera algún cariño", recordaba el *Gallo Giro.*

El filme fue aplaudido durante dos semanas en el cine Teresa.

Pardavé entró de lleno al género de moda, el cine cabaretil, con *Amor vendido*, basada en una canción de moda de Adolfo Salas, en la que prefiere quedarse solamente detrás de la cámara.

La cinta, estrenada en el cine Nacional, narra la vida de Adriana Maciel (Meche Barba), una bailarina que ha matado al *Perfumado* (Carlos Vela), el hijo de la dueña del cabaret, Mamy (Sara Guash), para salvar al músico cojo Raúl (Fernando Fernández).

Ya inmerso en ese mundo cabaretil, y aprovechando la presencia de Fernando Fernández, cantante especializado en canciones de ese tipo, filma ese mismo año *Arrabalera*, basada en un argumento de Luis Manrique. Pardavé, que nunca fue artista de cabaret, prefirió dedicarse solamente a dirigir.

La heroína Rosita (Marga López) es una humilde vendedora en el mercado de La Lagunilla, que a sus habituales miserias agrega la de un hermano mudo, Belindo (Freddy Fernández).

Debe soportar además los avances amorosos del catrín Roberto (Manolo Fábregas), que es capaz incluso de simular una falsa boda, aunque al que verdaderamente quiere la chica es al músico pobre Roberto Prado (Fernando Fernández), que se le declara cuando es proclamada "reina del arrabal".

La cinta solamente duró una semana en el cine Nacional.

En *El gendarme de la esquina o Gendarme en punto*, don Joaquín da vida al viejo y melindroso policía Timoteo Rodríguez, el número 40, que provisto de un silbato de hueso y una lámpara de petróleo, recuerda como el mayor logro en su vida, haber sido felicitado "por cumplir su deber", por el mismísimo Porfirio Díaz (Ignacio Peón).

Sin embargo, tras 40 años de servicio, es mangoneado por su gruñona esposa Dulce (Emma Roldán), que le recrimina "que no obtenga mejores cruceros", por lo que se ofrece como "oficial políglota" en un lujoso hotel, equivocando todos los idiomas.

Por culpa de su parrandero hijo Luis (Rubén Rojo), que anda en malos pasos, es dado de baja vergonzosamente, hasta que inspirado por Don Porfirio y armado con una ametralladora, detiene a una banda de delincuentes y obtiene un ascenso y doma a su rebelde mujer.

Su hijo se convertirá en policía y se casará con su novia.

El filme se exhibió durante tres semanas en el cine Orfeón.

Tras este intermedio cómico, Pardavé retomó los dramas cabaretiles con Meche Barba y Fernando Fernández en *Pasionaria*.

En esta ocasión Pardavé adaptó un argumento de Pedro de Urdimalas, que volvía a tomar los lugares comunes del género, con Ricardo Hernández (Fernando) como un joven que quiere triunfar como cantante y con Lupe la de los piropos (Meche), que lo quiere hacer como bailarina. Se ven envueltos además en un asunto de drogas, pero al igual que en las anteriores cintas, terminan en el altar.

Duró solamente una semana en el cine Nacional.

El casto Susano basado en un argumento del productor Gregorio Wallerstein narra la historia del provinciano raboverde del título (Pardavé), que viaja a la capital a instancias de la vedette Mimí (la Pinal), que lo explota económicamente.

Aunque en provincia se le considera un hombre probo, en la capital es un destrampado al que conocen como querubín, y al que acompaña el poeta Manuel (Fernando Fernández), que resulta una fichita igual que su futuro suegro, pues está enamorado de su hija Martha (Gloria Mange).

Luego de una serie de enredos, el viejo regresa con su esposa Virtudes (Fanny Schiller), y el poeta con Martha.

Uno de los momentos más divertidos de la cinta es cuando Pardavé es empujado al escenario y debe bailar con Mimi y otras muchachas.

El filme se exhibió en el cine Opera la semana de rigor.

Doña Mariquita de mi corazón filmada al mismo tiempo, adapta una obra de José Muñoz Román, que permite a

Pardavé representar el doble papel de Ubaldo y de la viuda cubana del título.

En realidad es una variante de *La tía de las muchachas,* que ya había filmado con Enrique Herrera, sólo que en esta ocasión es Pardavé el que debe disfrazarse de mujer, y aguantar los acechos amorosos de Rogelio Ontañón (Oscar Pulido).

La comedia pasó durante dos semanas en el cine Orfeón.

Magdalena está basada en una exitosa radionovela de José de Jesús Vizcaíno, que narra una serie de enredos familiares que involucran a la dama del título (Charito Granados), una exitosa cantante de ópera, que regresa a reclamar a la hija que le había cedido a Lucila (Martha Valdés), creyendo que iba a morir. La cantante se casa con Luis (Fernando Fernández) y vive feliz con la hija (Elsa Cárdenas) y la tía Concha (Anita Blanch).

Se exhibió la semana de rigor en el cine Olimpia.

Ese mismo año, Pardavé dirigió *Dios nos manda vivir* un melodrama edificante que volvió a ser interpretado por Charito Granados, esta vez como una monja llamada Teresa, que reconforta a una joven que ha intentado suicidarse.

La religiosa le confiesa que ella estuvo también a punto de matarse cuando quedó viuda y desamparada con su hija Albertina (Silvia Derbez), quien llega a su vez a pedir perdón a su madre.

El filme se exhibió dos semanas en el cine Orfeón, en la calle de Luis Moya.

Por cierto, se cuenta que Granados le señaló públicamente un error al director, lo que provocó el enojo de Pardavé quien le señaló que "los errores se deben señalar en privado, para no exponer al ridículo al que los cometió".

El enojo del director no debió ser tan grave, pues la actriz filmó a los pocos meses, *Secreto profesional,* su tercera cinta filmada en 1954 bajó las órdenes de Pardavé y la que sería su última película como director. Se estrenó en el Palacio Chino poco antes de su muerte.

Don Joaquín seleccionó una obra de Alejandro Verbitsky, que narra la historia de Mariana (Granados), una mujer que ha matado "en legítima defensa" a un hombre que la chantajeaba, pero que se niega a contar su historia.

Solamente el amor del probo abogado Roberto Castillo (Enrique Rambal) sacará a la heroína de su silencio y como premio a su estoica conducta, se podrá casar con él.

7

Inspirado compositor

Don Joaquín amaba la música. Tocaba varios instrumentos, principalmente guitarra, aunque también trompeta, saxofón y el xilófono, sin embargo no tenía buena voz. El piano lo tocaba "de a dedito" y no sabía escribir música, pero recibía la ayuda del pianista Mario Ruiz Armengol y del guitarrista Armando Cornejo para plasmar en el papel pautado sus ideas, por lo que sorprende que haya sido un prolífico compositor que registró 52 canciones en la Sociedad de Autores y Compositores de México (SACM), a la que ingresó prácticamente desde su fundación.

De acuerdo con algunos músicos, el Pardavé compositor "sobreviviría al Pardavé actor", algo que se antoja poco real en la actualidad.

El gran compositor Agustín Lara explicó que el éxito de las canciones de Pardavé "radicaba en su sencillez", aunque le criticaba que utilizara muchos diminutivos.

Por su parte, Pardavé admitía que "el campo de la música está circunscrito a siete notas con sus variantes de semitonos y resultan a veces repeticiones que se advierten posteriormente".

Sin embargo desechaba las versiones de que plagiaba canciones. "He descubierto con coraje que lo que estaba componiendo era una repetición de algo ya escrito. Nadie plagia por gusto. Por fortuna las canciones que he escrito carecen de semejanza con otras y quizá por eso han sido aceptadas por el público", dijo al periódico *Universal* en 1951.

Pardavé compuso además la música para las zarzuelas, *México se derrumba, Melodías de cristal, El fracaso del sábado* (en colaboración con José Palacios), *El jurado de Calles* y el juguete cómico *El reparto de la Carolina*.

Una de sus primeras piezas, *Mi Carmen* está dedicada a Carmen Delgado, su primer amor, que lo ignoró con todo y su composición.

Una de sus primeras canciones conocidas fue *Ventanita morada* cuya letra dice así: *Ay ventanita morada, cubierta de enredaderas/quienes jalarte pudieran para ver a mi enamorada/ yo no voy a tu ventana porque no puedo treparme/mejor ábreme la puerta pa' que veas si sé montar/ mi caballo tordillo corriendo por las veredas/ con un moño en el morrillo échenme un torito fuera/yo me quiero ir a los toros, porque no les tengo miedo/ y si no les salgo al toro en purito buey me quedo/callando vámonos para la sierra/corran que ya vienen dando los muchachos con la guerra/Yo no quiero ir a la guerra/porque no me importa nada/ y además de que a mi prieta en su ventana, ay ay/ ventanita morada.*

Su esposa Soledad Rebollo se convirtió en su musa y le compuso varias canciones, entre ellas *Varita de nardo*, cuya letra dice así: *Varita bonita, varita de nardo, cortada al amanecer/ quisiera tus hojas, tu suave perfume, pa' perfumar mi querer /Mi novia parece varita de nardo como flor o cual mujer/ Por eso te quiero varita de nardo, porque eres cual mi querer/ Yo te voy te voy a cortar, aunque sufras un cruel dolor, pues solo te quiero varita de nardo, para que aspire tu olor/ En una cajita guardaba tus flores como prueba de pasión/ las flores no existen, más queda el perfume que le dio tu corazón.*

La canción fue interpretada con gran éxito por Guty Cárdenas y es utilizada en *Nacida para amar* (1958) cinta de Rogelio A. González, que narra la vida de la exitosa vedette Lolo Chávez (Ana Luisa Peluffo), capaz incluso de cantar "soy virgencita, riego las flores".

Posteriormente la canción fue utilizada en *La india* (1974) del mismo director.

En 1929 le compuso a su esposa *Negra consentida* que fue estrenada en Tampico por el trío de las Hermanitas Armengol, y que en la interpretación de Juan Arvizu se convirtió en uno de los éxitos de la época al vender ocho mil copias.

Por cierto, el tenor de la voz de seda recibió un contrato internacional y aprovechó para internacionalizar las canciones de Pardavé, con quien llevaba una buena amistad.

En su repertorio contaba además de las ya mencionadas *Tempranera, Manos blancas, Cholita, Por fin cuando, Que bonito par de ojitos* y muchas más que estarían incluidas en un disco de larga duración.

Negra consentida también fue interpretada por la famosa vedette internacional Josephine Baker y Emilio Tuero, el barítono de Argel también hizo una versión muy sentida.

Además de actuar y dirigir cine, Pardavé fue un excelente compositor, y para muestra: ¿cómo olvidar "Negra consentida"?

La pieza también se interpreta junto a *La pajarita* en *La Calandria,* una adaptación de la novela homónima de Rafael Delgado, que filmó en 1933 Fernando de Fuentes con Carmen Guerrero y Paco Berrondo.

La cinta narra la trágica historia de Carmen, una bella y joven cantante orizabeña que termina suicidándose.

Posteriormente la canción sirvió de excusa a una cinta del mismo nombre y que fue llevada a la pantalla grande en 1948 por Julián Soler, y en la que el compositor no tuvo ninguna participación en la historia de Gloria Carrión (Meche Barba) que finge estar casada con el compositor Ramón Guerra (Ramón Armengod), solamente para confesarle después que sí se casaron de verdad.

También es interpretada en *La máscara de carne,* un filme de Raúl de Anda que muestra una intriga gangsteril a Raúl un desfigurado cantante que utiliza una máscara de diablo (Agustín de Anda), casado con Luz María (María Rivas), que tiene en su poder sin saberlo un botín de un robo de joyas.

La letra dice *Noche, noche, te llama el amor/ Noche, noche, eres una flor/En la noche de amor, te canta el trovador/Negra, negra consentida, negra de mi vida, ¿quién te quiere a ti? Mira mi alma adolorida, negra de mi vida, tan solo por ti/Negra, negra consentida, negra de mi vida, deja de llorar. Mira que mi pecho amante está rebosante de felicidad.*

Curiosamente dos jóvenes intérpretes trataron de abrirse paso como cantantes interpretando *Falsa,* pero Fernando Soto y Daniel Herrera no triunfarían como cantantes sino como cómicos, con los apodos de *Mantequilla* y el *Chino* Herrera.

En 1933 Pardavé compuso con Salvador Bolaños la canción tema de *Pecados de amor,* una cinta de David Kirkland estelarizada por Beatriz Ramos y Ángel T. Sala, una pareja de empleados de un banco, que luego de malentendidos terminan felizmente casados y con un hijo.

Jorge Negrete interpreta otra de sus canciones en *Juan sin miedo,* un filme de Juan José Segura realizado en 1938 y estelarizado por el torero Juan Silveti.

La malograda Lucha Reyes cantó con singular brío canciones como *Aburrido me voy* y *La Panchita.*

En 1943, Luis Aguilar interpreta otra de sus canciones en *Sota, caballo y rey,* una comedia ranchera de Roberto O'Quingley, en la que el *Gallo Giro* debe enfrentarse al malvado Carlos López Moctezuma, para quedarse con la bella Susana Cora.

Dado el gran éxito que obtuvo la adaptación fílmica de la inmortal obra de José Rubén Romero, *La vida inútil de Pito Pérez,* de Miguel Contreras Torres ese mismo año se filmaría una secuela cuatro años después, con el nombre de *Pito Pérez se va de bracero* de Alfonso Patiño Gómez, en la que se interpreta la canción de Pardavé, *Aburrido me voy.*

Aburrido me voy me voy /lejos de aquí, donde nadie pregunte de dónde partí/ para nunca volver/donde quiera se encuentre quien sepa querer/si te acuerdas de mí no maldigas mi amor, que duró solamente lo que dura una flor/no preguntes por mí, que no sé adónde voy/ay que triste me largo, aburrido me voy.

Otras de sus composiciones más famosas es *La Panchita aquella que va río abajo/la de los ojos grandes y la boca chiquita/ No sé que siento cuando me mira mamita del alma/ esa Panchita recondenada me roba la calma/Y cuando me ve enojado, se ríe y se carcajea/Malhaya si así se burla de mi la tal Pancha.*

La canción sirvió como tema de una cinta filmada por Emilio Gómez Muriel en 1948, con Marga López en el papel principal de una lavandera coqueta y vaciladora a la que pretenden el patrón (Domingo Soler), el ranchero Benjamín (Víctor Manuel Mendoza), el viejo boticario (Pepe Martínez) y el rielero (Daniel Herrera), pero que deja a todos con un palmo de narices al preferir al miope Benito (Abel Salazar).

En *Cada hijo una cruz* (1957) nueva versión de *Cuando los hijos se van* de Juan Bustillo Oro, se interpreta la *Canción a las madres* de Pardavé.

Por cierto el papel del comediante fue hecho por Joaquín García Vargas, *Borolas* y no se puede decir que haya salido tan mal librado como los demás, pues Miguel Manzano hizo el de Fernando Soler y Esther Fernández el de Sara García.

Otras de las composiciones más famosas de Pardavé son *No hagas llorar a esa mujer, tú que no sabes amar/si ella te dio su querer tú debes pagar/No hagas que pierda la fe, quien puso en ti su querer/Piensa en tu madre que fue también mujer/La vida pronto pasará, la vida que hace envejecer, entonces tu alma llorará, lo que ha llorado esa mujer/no digas nunca me olvidé, al recordarte un desdén/Piensa en tu madre que fue también mujer.*

Bésame en la boca se estrenó en Tampico, la cantó Pedro Infante en *Ahora soy rico* y había sido popularizada antes por Emilio Tuero.

Cuando besé tu boca por primera vez, floreció entre los dos un algo de ilusión/y cayó de tu frente la regia altivez y entornaste los ojos con suprema emoción/Bésame quedito, como aquella noche, en que las estrellas pálidas y bellas temblaban de amor/Bésame quedito, bésame en la boca, para que se ahuyente el fantasma hiriente de mi cruel dolor/Bésame quedito cerrando los ojos y así tus pestañas, mágicas arañas, tiendan su prisión/Bésame quedito, luciérnaga errante/Bésame en la boca con tu boca loca, fuente de ilusión.

Adiós juventud, canción que llevaba además el título de una de sus cintas, fue adoptada por la Facultad de Medicina como su himno.

Otras canciones menos conocidas son *Alondra, Bésame quedito, Caminito de la sierra, Cholita, Flores viejas, Melodía de mi vida, Muñequita, Noche de nieve, Pasionaria, Por que lloran tus ojos, Plegaria, Tus cabellos, Ya viene cayendo la tarde.*

Escribió además la letra de *Pagar es corresponder* que fue musicalizada por Alberto Domínguez.

También compuso en 1946 un corrido dedicado a su tierra, Pénjamo "un pueblo chiquito recostado en la loma, que nació entre guayabos y naranjos en flor".

Ese Pénjamo lindo era definido por el compositor como "tierra de mis amores, donde sus mujeres fuentes de inspiración", resaltando las bellezas naturales de la región como el Churipitzeo y culminando con la afirmación de que "era orgullo del Bajío, yo siempre pienso en ti".

De ese mismo año es un curioso paso doble titulado *Mi compadre Silverio* que reza *"a empujones, patadas y gritos/abran paso que ahí les voy.*

Durante los últimos cinco años de su vida no compuso nada "pues consideró que su estilo estaba fuera de época".

Además de todos los artistas ya mencionados, El Trío Culiacán grabó para la Musart un Long Play titulado *Las canciones de Don Susanito* que incluye: *Negra consentida, No hagas llorar esa mujer, Falsa, Aburrido me voy, La Panchita, Ventanita morada* y *Varita de nardo.*

En el disco que grabó Fernando Soto Mantequilla para la CBS, se incluyen *Negra consentida* y *Bésame en la boca.*

También interpretaron algunas de sus canciones Lola Beltrán, Eva Garza y La Prieta Linda.

Algunos artistas más modernos han rescatado algunas de sus piezas más bonitas, como Tehua, Amparo Ochoa, Los Montejo, El negro Ojeda y de los actuales Roberto Jordán, Ángeles Ochoa, Aída Cuevas y hasta Vicente Fernández.

8

Vicioso reformado

Pardavé era el primero en reconocer que no era un hombre perfecto y dos de sus vicios más grandes eran el alcohol y el juego.

"Heredé la enfermedad de mi padre. Empecé a tomar todas las noches con las segundas tiples y con la gente del teatro. Llegaba a mi casa con unas copas de más. Y mi pobre esposa me decía: ¿A poco vas a agarrar la costumbre de tu papá? Entonces le ofrecía dejar de tomar, pero nunca le cumplía. En una de las farras perdí el anillo de matrimonio y Cholita me advirtió: 'o dejas el vicio o me dejas a mí'. Entonces dejé en apariencia de tomar, pero tenía aleccionado a un ayudante que me llevara un refresco preparado con ron. En una ocasión ella se dio cuenta de la estratagema y me volvió a amenazar con dejarme. Una noche camino a mi casa, cuando atravesaba la Alameda, escuché que alguien me chiflaba. Levanté la vista y vi que arriba de uno de los árboles había una especie de careta enorme y plateada que me decía: ¡Qué asco, que asco me da verte borracho! Me dio tal miedo que se me bajaron hasta los tobillos todas las copas que me había tomado. Llegué a mi casa y le dije a mi mujer: Hoy dejo de tomar para siempre. ¿Otra vez me lo vas a prometer? ¡Ya no te creo! Pero desde entonces no bebo".

Dolores Rebollo, hermana de Cholita atestigua que Joaquín cumplió su palabra y ante frecuentes invitaciones respondía: "Lo siento mucho, pero así sea un ministro o el mismísimo Presidente el que me invite, con todo respeto no acepto, pues solamente hace falta que me tome una para que me siga de frente".

Y no conforme con haber cumplido su promesa, Pardavé llevó su conducta al extremo de negarse a hacer comerciales de bebidas alcohólicas, aunque una de ellas, Club 45, patrocinara uno de sus programas de televisión.

Además, a Pardavé le gustaba mucho jugar baraja, y en especial póker, aunque raramente ganaba.

Cuando andaban de gira y terminaban sus actuaciones, él y algunos de sus compañeros se encerraban en una de las habitaciones a tomar y a jugar hasta altas horas de la madrugada.

En una ocasión que la compañía viajaba en tren, Pardavé le dijo a su mujer: "Mijita voy a jugar con los muchachos un rato". Cholita le advirtió que tenían que madrugar, por lo que no debía jugar mucho y se quedó en el pullman, que era el último vagón.

El tren se descarriló poco después. Desesperado mientras buscaba entre los escombros a su mujer, Pardavé prometió que si la encontraba viva dejaría de jugar. Al abrazarla, se lo anunció y como era un hombre de una sola palabra, lo cumplió. Para matar el gusanito, a veces jugaba con Cholita apostando frijolitos, pero cuando tenía que cumplir con un compromiso social, su mujer tomaba su lugar.

9

Figura de la radio

Pardavé consideraba que la radio "era la industria más grande que había en el medio del espectáculo en México", y por ello, desde 1933, don Joaquín empezó a participar en transmisiones radiales en comedias o programas musicales, principalmente en la XEB, que era la principal competidora de la XEW.

Tuvo un programa de 15 minutos llamado *Pardaveando* en el que tuvo su primera oportunidad Pedro Infante.

Posteriormente con Roberto Soto realizó una emisión que se llamó *La fortaleza del buen humor*.

A la W ingresó en 1937, participando en la conclusión de *La Hora Azul*, que se trasmitía de 17 a 19 horas, durante las cuales conversaba con el legendario Pedro de Lille.

No fue sino hasta 1943, cuando ya había triunfado en el teatro y en el cine, que pudo tener su propio programa.

Risas y canciones se transmitió en la B Grande, como se le conoce. La parte cómica corría a su cargo y las canciones estaban encomendadas al tenor Paco del Rey y al trío de las hermanas Armengol.

Un año después, estelarizó otro programa en esa misma emisora que se tituló *México ríe*, en el que dio mayor importancia al aspecto cómico pero en el que fungió además como director de orquesta.

10

Efímero paso por la televisión

Luego de su exitoso paso por el teatro y el cine, no es de extrañar que el comediante haya intentado triunfar también en la televisión.

Sin embargo, Pardavé tuvo un efímero paso por la incipiente televisión nacional, a la que definía como "un teatro fotográfico que no había llegado a adquirir una nueva técnica: todo se reducía a un set, como en el teatro, tomado por una cámara electrónica".

El 18 de septiembre de 1952, debutó en la pantalla chica con *Las tertulias de don Susanito*, en el canal 2, según acota el especialista Fernando Mejía Barquera en un artículo para el desaparecido diario *El Nacional*.

Durante la emisión, Pardavé representaba al personaje creado en *México de mis recuerdos*, que charlaba con sus invitados y era acompañado por los cantantes Alejandro Algara, Rosita Quintana, y Marilú, la muñequita que canta. La parte cómica era reforzada por la veterana Consuelo Guerrero de Luna.

A diferencia de muchos otros trabajos, el comediante no tenía que ver en la elaboración de los guiones, que eran encomendados a los incipientes escritores del medio.

Conviene recordar que se trataba de programas en vivo, ya que aún no se había inventado el videotape y por lo tanto no hay testimonio grabado de estas emisiones.

Ante las críticas negativas, debidas en su mayor parte a guiones flojos, terminó su temporada a los cinco meses de iniciada en febrero de 1953.

En octubre de 1954, el comediante representó a un payaso en el programa *Noches de circo,* que se exhibía por el canal 4.

El personaje, llamado *Cascabel,* estaba basado en el célebre payaso Ricardo Bell, quien había fallecido el 13 de marzo de 1911. Sin embargo, los familiares del *clown* se negaron a dejar que se utilizara el nombre de su pariente.

Su patiño era Julio Sotelo y don Joaquín tocaba la trompeta, el saxofón y el xilófono. Su vestuario fue elaborado por su cuñada Dolores.

Sin embargo, de nueva cuenta los libretistas fracasaron en su intento de plasmar las penas y las alegrías de un circo. A esto se sumó la dificultad de incluir números circenses con animales amaestrados o fieras en la emisión, que finalizó en marzo de 1955.

Pese a estos fracasos, Pardavé intentó un nuevo programa ese mismo mes, en el canal 4.

La serie se llamó *Como México no hay dos,* que era una revista musical. Pardavé era una especie de agente viajero que visitaba diferentes lugares de la República, lo que servía de excusa para intervenciones musicales de bellas intérpretes entre otras Amalia Mendoza la *Tariácuri,* y Flor Silvestre, acompañadas por el mariachi Pulido. Complementaba el elenco el cronista Julio Sotelo.

Esta vez, el programa parecía funcionar exitosamente pero la muerte lo sorprendió el 20 de julio, aunque continuó hasta cumplirse el contrato de 13 programas bajo la conducción de Agustín Isunza, un veterano cómico.

11

Esforzado deportista

Pese a su robusta constitución, y su escasa estatura —1.65 m— Pardavé fue un aficionado a los deportes. Entre otros jugó béisbol, frontón, fútbol y boliche, del que se convirtió en campeón.

Joaquín jugó en el equipo de béisbol amateur, *Los Aztecas*, que resultaron dos veces campeones en su categoría.

Aunque su posición favorita era el jardín central, podía también jugar en el cuadro como segunda base o parador en corto.

En su deambular por los diamantes capitalinos sufrió varias lesiones. En una ocasión, cuando quiso sorprender a un corredor fuera de la base por una revirada del lanzador, la bola lo golpeó en la boca y le rompió una muela.

En otra ocasión, un pelotazo le zafó el dedo pulgar, lo que le impidió jugar durante tres meses.

Posteriormente jugó con el equipo del Teatro Lírico.

Era fanático de los *Diablos Rojos* y en ocasiones acudía al viejo Parque Delta a apoyar a su equipo, al que nunca pudo ver coronarse campeón. En cambio cumplió otro de sus sueños, el de presenciar un partido de grandes ligas, entre Nueva York y San Luis, durante una de las pocas giras que hizo por Estados Unidos.

También era fanático del fútbol. Formó parte del equipo de balompié del Teatro Lírico y era tan respetado por sus compañeros, que incluso lo nombraron capitán.

Además, acostumbraba llevar a los partidos a sus sobrinos, a los que quiso como hijos.

Era partidario del *América*, y hasta fue miembro oficial de su porra.

También le gustaba la fiesta brava.

12

Premios y reconocimientos

Pardavé fue considerado el actor cómico de 1931 por el periódico *El Nacional,* que le otorgó el premio correspondiente el jueves 16 de julio de 1931 en el Teatro Lírico, durante la representación de la revista *Sport Upa y Apa.*

Visiblemente emocionado, Roberto Soto reconoció a Pardavé como "uno de los actores de más talento y habilidad, y que durante los ocho años que había trabajado bajo su dirección, había aprendido mucho".

A su vez, Pardavé, igualmente emocionado, reconoció en Roberto Soto "al máximo actor mexicano".

También obtuvo el reconocimiento como mejor coactor en *Cada loco con su tema* por parte del Comité Nacional de la Industria, conformado por directores, escritores, publicistas, elementos técnicos y periodistas del gremio.

En 1944, la revista *Cinema Reporter,* y los diarios *Excélsior* y *El redondel* lo consideraron como el merecedor de la mejor coactuación masculina, por su papel de don Susanito Peñafiel, en *México de mis recuerdos.*

El 7 de enero de 1950 fue declarado 'Hijo predilecto de Pénjamo' en una fiesta en la que incluso se le entregaron las llaves de la ciudad.

Visiblemente conmovido en su discurso de agradecimiento, don Joaquín se lamentó no haber sido político, en vez de artista "pues entonces mi pueblo estaría en otra situación".

Eso no impidió que hiciera todo lo que estaba a su alcance para ayudar a sus paisanos.

Además de pagar los desayunos infantiles de una escuela rural, todos los años organizaba en vísperas del día de los Santos Reyes, el Ropero del Niño Pobre, que daba ropa y juguetes a los niños más necesitados de la población.

Una calle de Pénjamo fue bautizada con su nombre.

En la zona conurbada de la Ciudad de México existen por lo menos siete calles con el mismo apelativo: en la Ampliación Emiliano Zapata, en Ciudad Satélite, en Cuautepec el Alto, en El Tepetata, en Hogar y Redención, en la colonia Jorge Negrete y en San Antonio.

En ese mismo 1951 obtuvo el Premio Leopoldo Beristáin al primer lugar de popularidad radiofónica de 1950, en un concurso organizado por el desaparecido diario *Novedades*, en que participaron por lo menos medio millón de personas y en la que fueron premiados 115 artistas.

Pardavé fundó "El ropero del niño pobre" que daba ropa y juguetes a los niños más necesitados el día de Reyes.

Pardavé había derrotado en buena lid a la pareja de cómicos indígenas Manuel Tamés Junior, *Régulo* y Francisco Fuentes, *Madaleno*, a Arturo Manrique *Panseco*, toda una gloria radial y pionero del cine nacional, al compositor y comediante José Ángel Espinosa, *Ferrusquilla y* al simpático *Tin-Tán* con más de 121 mil votos.

Ese mismo año un teatro de Puebla fue bautizado con su nombre.

Tras su muerte, la Sociedad de Altas Comedias, encabezada por Aquiles Elorduy, propuso a los propietarios del teatro Sullivan que bautizaran el foro con el nombre del prestigiado artista, durante la temporada celebrada de octubre a noviembre de 1955.

Sin embargo, el teatro fue vendido un año después, y los nuevos dueños decidieron que el nombre anterior resultaba más comercial.

En cambio, la Sociedad de Autores y Compositores de la Música (SACM) decidió en 1970 instituir una medalla que llevara su nombre. Y veinte años después, ingresó al Salón de la Fama de la Asociación Nacional de las Artes.

Desde 1995, la sala nueve del Cinemark Churubusco, el primero de esa cadena de cines, fue bautizada con su nombre y gigantescas fotografías del actor adornan el recinto.

13

Su trágica muerte

A lo largo de los años se ha creado una leyenda negra en torno a la muerte de don Joaquín, acaecida el miércoles 20 de julio de 1955 a consecuencia de una embolia.

De acuerdo a testimonios de sus familiares y amigos, recogidos por Josefina Estrada para su libro *El señor del espectáculo*, un día antes, Pardavé ensayaba con Ninón Sevilla, un bailable de uno de los ritmos de moda, el cha-cha-chá, para la cinta *Club de señoritas* que dirigía Gilberto Martínez Solares en el foro 21 de los Estudios Churubusco.

Después de la filmación, el comediante, acompañado de su esposa, se dirigió a Televicentro, en Chapultepec 18, a recoger el libreto del programa *Como México no hay dos*, su programa de televisión que pasaría al día siguiente.

Luego de cenar ligeramente con sus familiares, se fue a jugar boliche en el local que se encontraba en Versalles 27, el domicilio social del Sindicato de Técnicos y Manuales.

Luego de jugar seis líneas se sintió cansado y pidió la cuenta. El exceso de trabajo de los últimos tiempos le había causado hemorragias nasales en las semanas anteriores y se sentía cansado.

Pidió a su sobrino Gustavo que manejara "pues le dolía la cabeza".

Llegaron a su domicilio, en Cuauhtémoc 851, a las once de la noche y se sintió aliviado cuando Arturo Vertti, *el mili* le informó por teléfono, tenía el número 23-52-62, que sólo tenía llamado para *Club de señoritas* a las 10 de la mañana, y que en *La virtud desnuda,* la otra película en la que trabajaba, no se le requeriría sino hasta el viernes.

Sin embargo, se despertó a las tres de la mañana con un fuerte dolor de cabeza. Pidió a su esposa que le hablará al doctor Salvador Medina Romo, que vivía a dos casas, y a su sobrino Gustavo, cosa que la señora hizo de inmediato cuando se percató de que el actor tenía paralizada la mano izquierda.

El médico lo encontró en el suelo vomitando, y le aseguró que se trataba de un espasmo arterial que cedería cuando lo inyectara. Le hizo un lavado intestinal y le extrajo 400 centímetros de sangre, pero se alarmó al tomarle la presión y descubrir que era de 280 la máxima y 140 la mínima.

Paulatinamente le comenzó a bajar, la presión, mas el paciente entró en coma a las 4:10 de la madrugada.

El galeno pidió a los familiares que llamaran a la ANDA para pedir un especialista que lo auxiliara, y al no encontrarlo, llamaron al doctor Armando Ramírez Guerrero, que confirmó que no había nada qué hacer. Don Joaquín falleció a las 5:20 de la mañana.

Días después, el doctor César Jiménez cuestionaría el dictamen del médico y opinaría que habían dispuesto de 2 horas y 20 minutos para verificar la supuesta trombosis o la hemorragia.

Doña Cholita pidió a sus sobrinos que lo vistieran con uno de sus mejores trajes, pues temía que los fotógrafos lo encontraran como estaba.

A las nueve de la mañana la radio y la televisión informaron del fallecimiento del comediante. "Pardavé ha muerto. Todo México le llora", decían las extras que se publicaron y que doblaron en número a las que habían aparecido tras el suicido de Miroslava.

Don Joaquín Pardavé murió el 20 de julio de 1955.

El cadáver fue trasladado a la funeraria Gayosso, situada en Reforma 273, donde recibió grandes muestras de admiración de colegas y de público en general.

Aunque doña Cholita quería sepultarlo ese mismo día, el gobernador de Guanajuato le pidió que aguardara a la caravana de autobuses y coches procedentes de Pénjamo que querían darle el último adiós.

El programa *Como México no hay dos*, que se trasmitió ese día, estuvo dedicado a su memoria, y en un hecho sin precedentes, no se incluyeron anuncios comerciales.

Se invitaron a estrellas como Sofía Álvarez, quien habló de su paso por el cine, Fernando Soler disertó sobre el paso de Pardavé en el teatro serio y Delia Magaña sobre la primera época en el teatro de revista del histrión.

Además, se cantaron algunas de sus canciones más populares: Vicente Bergman interpretó *Negra consentida*, las Hermanas de Alba, *Aburrido* y el Trío Los Mexicanos, *La Panchita*.

Conviene señalar que el programa habría de cumplir un contrato de 13 programas, bajo la conducción del también actor Agustín Isunza, quien incluso viajó a Nueva York para una de las emisiones.

Al día siguiente, en una mañana gris y lluviosa, Pardavé fue sepultado al filo del mediodía en el lote de Actores del Panteón Jardín, ante un pequeño grupo de colegas como los hermanos Soler, Sara García, Sofía Álvarez, Fernando Fernández y los huérfanos de Pénjamo que patrocinaba el comediante.

Hubo sentidas palabras de Arturo Soto Rangel de parte de la ANDA, Francisco Benítez de la Federación Teatral, Vicente García González a nombre de los penjamenses y Ana García, representante de las tiples.

Días después nació la leyenda negra.

El Zócalo, un periódico sensacionalista de la época, aseguró el 9 de noviembre de 1955 que Pardavé había sido enterrado vivo.

Según una nota de Pedro Arias Campos, aparecida en la página 2 del número 1970 del matutino: "Esta fulminante afirmación se oyó decir en los círculos cinematográficos en el Sindicato de Técnicos y Manuales para ser más exactos se dijo que hace dos días fue preciso sacar el cuerpo inanimado del gran actor mexicano de la tumba, pues era preciso extraer ciertos papeles que eran necesarios para trámites legales y que iban en uno de los bolsillos del traje con que se enterró a don Susanito".

La nota proseguía "que insistentemente se rumoraba que al sacar los restos del que fuera gran cómico, se encontró, con gran horror de los pocos presentes, que el cuerpo estaba boca abajo con las uñas enterradas en el pecho y con una mueca de desesperación pintada en su rostro".

Arias Campos se lamentaba "es esto más doloroso para todos los que estimábamos a Pardavé, ya que encontrar la muerte en la forma en la que él la encontró es algo inconcebible. Despertar de pronto y verse envuelto en el más absoluto silencio y rodeado de la más completa oscuridad, y confirmar que uno está enterrado, es algo que no se puede narrar. Son minutos de una desesperación indescriptible. Fue por eso que Pardavé estaba con las uñas enterradas en su pecho y boca abajo".

Al parecer la versión se había inspirado cuando vieron a su hermano José y a su hija María Elena ir con una pala y un pico para arreglar la tumba.

El *Zócalo* era un tabloide, semejante en presentación y contenido a *Cine Mundial* que había nacido seis años antes.

Su director era el Licenciado Manuel Moreno Sánchez. Su costo era de 30 centavos y sus oficinas se encontraban en Avenida Juárez 64, décimo piso, mientras que la redacción y los talleres se ubicaban en Lerdo 355.

Como mayor atractivo del matutino se anunciaban unas caricaturas de Walt Disney sobre el mundo animal, reportajes sobre la miseria e historias de la Revolución Mexicana.

El diario era miembro de la Sociedad Interamericana de Prensa.

Sin embargo, el tabloide de 32 páginas se había visto envuelto en varios escándalos ese año, cuando se había intentado evitar que se vendiera en el centro de la ciudad y en los mercados.

Asimismo, el reportero de la fuente de box, Alberto Canelo, había sido vetado de las peleas en la Arena Coliseo por "sus informaciones amañadas".

El matutino subsistió hasta el 31 de agosto de 1960, tras más de 3 mil 400 ediciones. Costaba ya 40 centavos y se había transformado en un periódico de tamaño estándar. Su lema había cambiado a "todos las noticias dignas de su hogar".

Pese a todo, los familiares de Pardavé se apresuraron a desmentir el libelo. Mostraron el acta de defunción 207 mil 151 expedida el 29 de julio de 1955 por el oficial del Registro Civil Próspero Olivares Sosa, que certificaba que don Joaquín había muerto de una hemorragia cerebral no traumática.

Su sobrino Gustavo Duarte desmintió la tenebrosa versión y explicó que el cuerpo había sido velado durante dos días, y que estaba en estado de descomposición, porque a nadie de la agencia se le ocurrió preparar el cadáver. "Previo al entierro todavía había enormes filas de personas que deseaban darle el último adiós, pero cerré la caja porque ya no quise que nadie lo viera. Estaba reventado de los ojos, de la nariz. Muy feo el cadáver".

A su vez, su sobrina Alicia Montoya desmintió la versión explicando que "don Joaquín ni siquiera tenía testamento, y si lo hubiera tenido, el lugar para buscarlo era la Notaría donde se encontraba el original y no en la bolsa de un muerto, al que se le había puesto su mejor traje".

Pese a que el desmentido fue dado a conocer el mismo día que apareció el libelo, y se publicó en todos los diarios, la gente se quedó con la leyenda negra de que el actor había sido enterrado vivo.

Lo único cierto es que doña Cholita nunca se enteró de la calumnia. Temerosos de su salud, ya que sufría del corazón, sus familiares decidieron ocultarle hasta su muerte una calumnia que le pudiera haber costado la vida.

La viuda falleció el 12 de mayo de 1960, a los 55 años de edad de un ataque cardiaco en el Instituto Nacional de Cardiología, donde había sido internada de emergencia.

Sus restos fueron depositados al lado de su esposo en el Panteón Jardín, con un epitafio que reza "Juntos para siempre: Joaquín y Cholita Pardavé".

TÍTULOS DE ESTA COLECCIÓN

Agustín de Iturbide
Agustín Lara
Álvaro Obregón
Antonio López de Santa Anna
Benito Juárez
Cuauhtémoc
David Alfaro Siqueiros
Diego Rivera
Dolores del Río
El Santo
Fidel Velásquez
Francisco I. Madero
Frida Khalo
Gabilondo Soler "Cri-Cri"
Germán Valdés "Tin Tan"
Joaquín Pardavé
Jorge Negrete
José Alfredo Jiménez
José Clemente Orozco
José María Morelos
José Vasconcelos
Juan Diego
Juan José Arreola
Juan Rulfo
Justo Sierra
Lázaro Cárdenas
Malintzin (La Malinche)
María Félix
Mario Moreno "Cantinflas"
Miguel Alemán Velasco
Miguel Hidalgo y Costilla
Nezahualcóyotl
Pancho Villa
Pedro Infante
Piporro
Plutarco Elías Calles
Porfirio Díaz
Quetzalcóatl
Resortes
Rosario Castellanos
Sor Juana Inés de la Cruz
Venustiano Carranza

Este libro se terminó de imprimir
en los talleres de Castillo
y Asociados Impresores,
Camelia 4, col. El Manto,
México, D.F.